DES

PARALYSIES TOXIQUES

PAR

E. BRISSAUD

MÉDECIN DES HÔPITAUX

PARIS

ASSELIN ET HOUZEAU

LIBRAIRES DE LA FACULTÉ DE MÉDECINE

PLACE DE L'ÉCOLE-DE-MÉDECINE

1886

DES

PARALYSIES TOXIQUES

DU MÊME AUTEUR

Recherches anatomiques et physiologiques sur la contracture permanente des hémiplégiques, Thèse, Paris, 1880.

De l'Atrophie musculaire dans l'hémiplégie, *Rev. de méd.*, 1879.

Des dégénérations secondaires dans le faisceau pyramidal (*Prog. méd.*, 1879).

Recherches sur le bruit musculaire (avee M. Boudet de Paris), *Bull. Soc. biol.*, 1879.

Recherches sur la température musculaire (avec M. P. Régnard), *Bull. Soc. biol.*, 1879.

Anatomie pathologique et mécanisme de l'atéthose (*Gaz. heb. de méd. et de chir.*, 1880.

Faits pour servir à l'histoire des contractures (avec M. Ch. Richet), *in Prog. méd.*, 1880.

Sur les mouvements du cervean (en collab. avec M. François Franck), *in Journ. de Robin et compt. rend. des trav. du laboratoire de M. Marey*, 1878.

Étude sur la Tuberculose articulaire (*Rev. de méd.*, 1879).

Des Tuberculoses locales (*Arch. gén. de méd.*, 1880).

Des gommes scrofuleuses et de leur nature tuberculeuse (En collab. avec M. Josias), *in Rev. de Méd.*, 1879.

Étude sur la spermatogénèse chez le lapin (*Arch. de Physiol.*).

Recherches anatomo-pathologiques sur la ligature du canal déférent (*Arch. de Physiol.*, 1880).

Étude anatomo-pathologique sur la gomme du testicule (Mémoire présenté à la *Société anatomique*, 1882).

Contribution à l'étude des tumeurs congénitales de la région sacrococcygienne (avec M. E. Monod), *Prog. méd.*, 1876.

Anatomie pathologique de l'encéphalite tubéreuse (avec M. Bourneville), *in Arch. de Neurol.*, 1883.

Anatomie pathologique des rétrécissements de l'urèthre (avec M. Segond), *in Gaz. heb. de méd. et de chir.*, 1881.

Localisation de l'aphasie associée à l'hémi-anesthésie ou à l'hémichorée (*in Prog. méd.*, 1882).

Anatomie pathologique de la maladie kystique des mamelles (*in Arch. de Physiol.*, 1884).

Adénome et cancer du foie (*Arch. gén. de méd.*, 1885).

Étude sur le polyadénome gastrique (*Arch. gén. de méd.*, 1885).

Atrophie hépatique et cirrhose (avec M. Sabourin), *in Arch. de Physiol.*, 1884.

Le bubon rhumatismal et les nodosités rhumatismales éphémères (*Rev. de méd.*, 1885).

Paris. — Typ. G. Chamerot, 19, rue des Saints-Pères. — 19078.

DES

PARALYSIES TOXIQUES

PAR

E. BRISSAUD

MÉDECIN DES HÔPITAUX

PARIS

ASSELIN ET HOUZEAU

LIBRAIRES DE LA FACULTÉ DE MÉDECINE

PLACE DE L'ÉCOLE-DE-MÉDECINE

—

1886

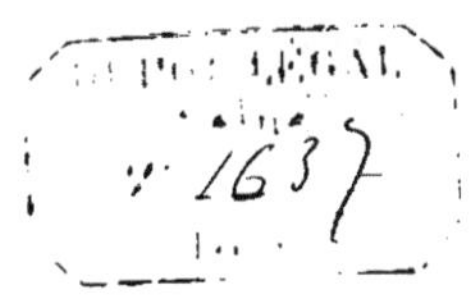

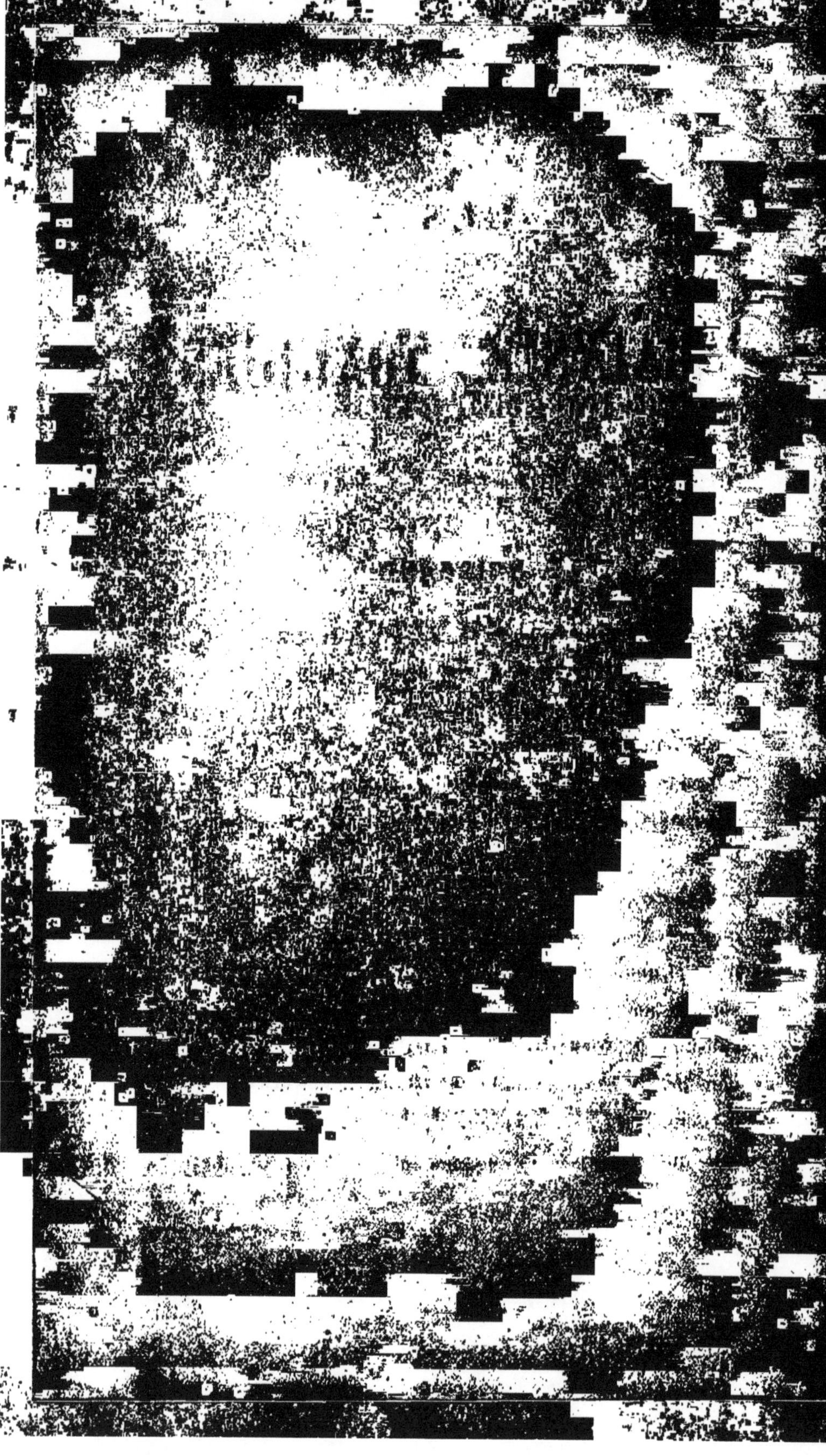

INTRODUCTION

On connaissait de longue date les paralysies qui se produisent à la suite de beaucoup d'empoisonnements aigus ou chroniques, mais on ne les avait jamais étudiées toutes ensemble, sous une forme synthétique, qui mît en évidence leurs caractères communs.

Le sujet, quoi qu'il y paraisse, n'est pas facile à limiter, et cela pour plusieurs raisons que nous allons dire.

D'abord, on n'est pas toujours en mesure d'affirmer que certaines paralysies soient le fait d'une intoxication; et quand l'intoxication paraît indiscutable, il est souvent malaisé de définir la nature et le rôle de la substance toxique. Ces incertitudes sont très communes dans un assez grand nombre d'empoisonnements « professionnels ». Pour n'en citer qu'un exemple, chacun sait que depuis le développement de l'industrie du caoutchouc, certains accidents nerveux, entre autres des paralysies, se montrent non sans fréquence parmi les ouvriers qui préparent cette matière. Cependant, jusqu'au travail de Delpech, on ignorait que le sulfure de carbone fût responsable de ces troubles. L'étude toxicologique du sulfure de carbone, depuis lors, s'est enrichie de nombreux travaux. Mais, au moment où l'influence nocive de ce corps paraissait le mieux établie, voici que des recherches plus récentes démontrent son innocuité, et incriminent l'hydrogène sulfuré, dont la formation résulte de la décomposition du sulfure de carbone à l'air libre. Qui sait si de nouvelles observations ne nous démontreront pas un jour que ce n'est pas le gaz sulfhydrique, mais un autre corps, qui provoque les accidents en question? — Les mêmes hésitations sont permises à l'égard de quelques accidents assez répandus parmi les ouvriers qui fabriquent le sulfate de quinine. On ne sait encore s'il faut les rapporter au sulfate de quinine lui-même ou à quelque autre des nombreuses substances employées dans la préparation de ce médicament.

Une autre difficulté de notre sujet tient à la définition même de la substance toxique. Dans certains cas, nul doute n'est possible : le plomb, le mercure, le phosphore, l'acide phénique, la benzine, la nitrobenzine, etc., sont autant de poisons capables de faire des paralysies.

Et ces paralysies sont la conséquence indiscutable de toutes les intoxications dont il s'agit. Mais à côté de ces corps bien définis, un grand nombre de végétaux ou leurs alcaloïdes exercent un pouvoir toxique, dont l'interprétation est incertaine. C'est à peine si on commence à entrevoir la nature des accidents nerveux provoqués par l'abus du tabac. Il ne manque pas de troubles morbides et en particulier de paralysies, dont nous soupçonnons à peine l'origine toxique. L'étiologie du lathyrisme n'est-elle pas restée longtemps obscure? Quant au mode d'action des alcaloïdes, contenus dans les *lathyrus*, il est encore bien loin d'être déterminé. — Enfin, le règne animal fabrique lui aussi ses poisons, et en grande abondance. Quelquefois c'est l'absorption de certaines viandes avariées qui produit des troubles nerveux qu'on a vus se terminer par la mort. Certaines viandes, s'il faut en croire M. Scolozouboff, seraien même capables de provoquer des phénomènes nerveux en dehors de toute putréfaction. Un poisson, qui figure pour une bonne part dans l'alimentation du peuple russe pendant le carême pascal, serait l'agent de certaines paralysies très analogues aux paralysies arsénicales. La découverte des alcaloïdes de la putréfaction permet sans doute de supposer qu'on arrivera à isoler le corps responsable de ces graves désordres mais, jusqu'à présent, nous ignorons encore, à peu près tout ce beau chapitre de la pathologie future.

Enfin l'organisme humain fabrique lui-même des substances toxiques, dans l'état normal comme dans l'état pathologique. La résorption de ces substances laisse entrevoir déjà et expliquera peut-être un jour la raison d'être de certaines paralysies fugaces, qu'on observe dans quelques maladies chroniques, l'ictère, l'albuminurie, le diabète, etc.

Mais à côté de ces auto-intoxications, ne voit-on pas qu'un grand nombre d'états morbides, les fièvres ou la suppuration par exemple, peuvent s'accompagner, surtout dans les formes graves et à leur période ultime, de phénomènes paralytiques, dont la pathogénie nous échappe souvent? Ces paralysies, qui sont loin d'être rares, ont été étudiées par M. Landouzy dans une remarquable thèse. Or, la fièvre, la suppuration, les septicémies, etc., ne sont pas des intoxications au vrai sens de ce mot. Ce sont des états infectieux. Ici, c'est le parasite microscopique (qu'il s'appelle bactérie, ou bacille, ou microbe) qui joue toujours le principal rôle. Toutefois, du moment que nous n'avons à envisager ici que la paralysie, sommes-nous en droit d'affirmer que c'est le microbe qui, en quelque sorte par action de présence, paralyse les organes nerveux? Ne devrions-nous pas soupçonner plutôt que telle substance, — produit encore indéterminé d'une sécrétion microbienne, — provoque ces paralysies à la façon d'une vraie substance toxique, c'est-à-dire d'un corps soluble absorbé ou résorbé ?

Au premier abord, il semble peut-être excessif de vouloir poursuivre si avant l'enquête pathogénique ; cependant, par l'exemple d'une maladie, encore à l'étude, il est vrai, mais appelée à jeter un grand jour sur les faits en question, nous montrerons que cette distinction est légitime et bien fondée. Nous voulons parler de la maladie *pyocyanique*, dont l'histoire est presque tout entière l'œuvre de M. Charrin. Le *micrococcus pyocyaneus*, qui en est l'agent, donne naissance à la pyocyanine, produit chimique défini, cristallisable, et à réactions sûres et faciles, qui colore en bleu le pus de certaines plaies. Les animaux inoculés avec une culture de *micrococcus pyocyaneus* contractent une maladie, tantôt aiguë, tantôt chronique, sur les symptômes et l'évolution de laquelle nous n'avons pas à insister ici. Il est cependant un point qui nous intéresse : c'est que, fort souvent, vers la fin de cette maladie, ou même pendant sa période d'état, c'est-à-dire après douze à vingt jours environ, les animaux inoculés présentent des paralysies localisées aux membres postérieurs. Ce sont des paralysies flasques, ne s'accompagnant pas de troubles trophiques, ni de troubles bien appréciables de la sensibilité. Elles se compliquent parfois de rétention d'urine. Elles peuvent gagner les membres antérieurs (elles ont donc une certaine tendance à se généraliser d'arrière en avant, ce qui est un des caractères principaux des paralysies toxiques). Enfin dans un cas (unique jusqu'ici), une seule patte postérieure avait perdu sa motilité. La durée de ces paralysies est courte car le dépérissement est rapide et la mort survient assez tôt. Chose curieuse, on ne les voit jamais chez les animaux qui ont été inoculés par injection sous-cutanée quelques jours auparavant. Quel est le mode pathogénique de ces paralysies ? Deux hypothèses s'offrent à l'esprit. Ou bien le microbe agit par lui-même, exerçant une influence mécanique sur les éléments nerveux dans son passage à travers les capillaires de la moelle épinière (nous avons la preuve qu'il circule dans le réseau sanguin de la moelle, par ce fait que la pyocyanine apparaît dans les bouillons ensemencés avec un petit fragment de cet organe). Ou bien la substance définie, fonction du microbe, la pyocyanine, en un mot, est la vraie cause des paralysies ; et elle agit à la façon des autres corps toxiques.

M. Charrin a jugé par l'expérience la valeur de ces suppositions. Il filtre une culture riche en pyocyanine. Le liquide qui passe conserve sa couleur bleue et toutes les réactions de la pyocyanine, mais il ne contient plus de microbes. Ce même liquide étant ajouté en petite quantité au bouillon, aucune modification nouvelle de couleur ou de limpidité ne se manifeste. Et si maintenant on injecte une dose massive ou une série de doses faibles de ce mélange, les paralysies ne se produisent plus. Donc les paralysies de la maladie pyocyanique ne sont pas des paralysies toxiques, et le microbe que les cultures décèlent dans la moelle semble agir seul, et sans la participation de son produit spécifique, la pyocyanine.

En résumé, les seules paralysies que nous ayons à étudier sont celles que produisent les substances *dissoutes*. Et aucune de celles qui dépendent d'un élément figuré ne rentre dans notre sujet.

Une dernière difficulté consiste enfin non plus dans la définition de la substance toxique, mais dans la définition de la paralysie. Nous nous en tiendrons au sens adopté par Ambroise Paré : la paralysie, c'est *la résolution musculaire*. On voit souvent des états d'impotence fonctionnelle des deux membres inférieurs, caractérisés par l'impossibilité de se tenir debout en même temps que par une raideur douloureuse des jointures. En pareil cas, le mot de paraplégie est trop vite prononcé, car qui dit paraplégie veut dire paralysie des deux jambes, et cet état n'a rien à voir avec la perte de la contractilité. Il s'agit, en effet, d'une contracture, d'un spasme. Or le spasme paraplégique est en quelque sorte l'inverse de la paraplégie vraie. On pourrait même dire, sous une forme en apparence paradoxale que, s'il y a impotence fonctionnelle, c'est parce que les muscles des jambes fonctionnent trop.

Ils sont contracturés tous à la fois, et ainsi produisent la raideur douloureuse des membres. On attribue la plupart du temps cette suractivité musculaire à une irritation des cornes antérieures de la moelle. Or, la seule paralysie digne de ce nom, la seule résolution musculaire vraie et complète, est celle qui résulte de ce que les cellules motrices spinales n'ont plus d'effet, — soit parce que les ordres cérébraux ne leur viennent plus, soit parce que les nerfs périphériques ne conduisent plus leurs incitations.

Nous éliminerons aussi, comme étrangers à la définition de la paralysie, tous les troubles de la sensibilité, aussi bien l'anesthésie que l'hyperesthésie. Car il est impossible de séparer l'un de l'autre ces deux symptômes; ils ne sont que des périodes ou des degrés différents d'un seul et même ordre de phénomènes.

Notre sujet se bornera donc à l'étude de la *résolution musculaire* provoquée par les substances toxiques *solubles*.

Mais il faut préciser encore davantage, car les phénomènes cliniques demandent aussi à être classés. Les paralysies toxiques se présentent sous des formes multiples. Tantôt l'impotence motrice est réduite à sa plus simple expression : c'est une faiblesse légère, à peine une parésie; tantôt c'est une résolution absolue, équivalant à la perte du membre. Quelquefois, elles se limitent à un groupe musculaire ou même à un seul muscle; d'autres fois, elles affectent le type paraplégique ou le type hémiplégique; dans des cas exceptionnels, elles se généralisent à tout le système musculaire. Les unes sont fugaces, éphémères, les autres durent plusieurs semaines et peuvent durer plusieurs mois. Enfin — et c'est là le principal élément clinique de leur différenciation — elles sont tantôt isolées, tantôt combinées à d'autres symptômes. Dans ce dernier cas, une paralysie, quelle qu'elle soit, n'a jamais qu'une importance minime. Phénomène banal et presque indifférent, elle n'ajoute presque rien à ces grands complexus de désordres cérébro-spinaux, qu'on a réunis sous le titre d'*encéphalopathies toxiques*. Les hémiplégies ou les paraplégies qu'on voit alors apparaître sont transitoires et combinées avec l'épilepsie jacksonienne, le délire, etc. Enfin, si la mort survient, les altérations des centres nerveux, trouvées à l'autopsie, sont elles-mêmes d'ordre vulgaire (œdème, congestions, hémorragies, ramollissements).

Il n'en est pas de même de ces paralysies isolées, dont le type le plus connu est la paralysie radiale d'origine saturnine. Celles-ci sont plus durables ; elles ont une préférence marquée pour des groupes musculaires déterminés à l'avance. Leurs réactions électriques sont en quelque sorte spécifiques. Si quelques troubles de la sensibilité se joignent à elles, ils observent presque toujours la même localisation. Malgré leur intensité, elles guérissent presque sans exception. Enfin, si, par le fait d'une maladie intercurrente, la mort survient au moment de leur période d'état, on découvre dans les centres nerveux des altérations inconstantes, et dans les nerfs périphériques des lésions constantes. Ce dernier fait, mieux que tout autre, caractérise les paralysies toxiques ; si bien que dans le langage ordinaire, lorsqu'on parle de paralysies toxiques, c'est presque toujours à celles qui reconnaissent une origine périphérique qu'on veut faire allusion. Pour parler net, s'il y a aujourd'hui une question des paralysies toxiques, c'est parce qu'il y a une question des névrites périphériques. Nous verrons que ces névrites (saturnine, alcoolique, arsénicale, etc.) se reconnaissent à des lésions microscopiques, on ne peut plus intéressantes, tout à fait nouvelles, et seules capables d'éclairer la pathogénie des symptômes.

L'étiologie ne nous arrêtera pas longtemps. L'influence qui préside à l'apparition des accidents nerveux dans les intoxications nous échappe. Dire qu'un ouvrier cérusier est sujet à des attaques d'encéphalopathie plutôt qu'à des crises de colique saturnine parce qu'il a une prédisposition nerveuse, ce n'est rien expliquer. Peut-être toutefois n'est-il pas sans intérêt de savoir que les paralysies de l'alcoolisme sont, comme le *delirium tremens*, plus fréquentes chez les névropathes héréditaires, et que l'alcoolisme lui-même favorise toutes les autres manifestations toxiques à localisations cérébro-spinales ou périphériques.

Le sexe et l'âge n'ont pas d'influence étiologique propre en dehors de la profession. On a dit que les paralysies alcooliques étaient beaucoup plus fréquentes parmi les femmes que parmi les hommes. Les nombreuses observations que nous avons parcourues, nous permettent de dire que cette proposition est quelque peu entachée d'exagération. Du sexe fort au sexe faible, la différence sur ce point n'est pas grande. Mais nous reconnaissons que chez les femmes, les paralysies alcooliques sont plus franches, plus complètes, plus conformes au type idéal des paralysies toxiques périphériques.

Le plan de notre travail sera le suivant :

Dans un premier chapitre très sommaire, nous traiterons des paralysies toxiques combinées à des manifestations cérébro-spinales.

Dans le second chapitre, schématique à dessein, nous

exposerons les caractères communs des paralysies toxiques d'origine périphérique.

Le troisième chapitre sera consacré à l'étude de quelques-unes de ces paralysies, en particulier de la paralysie alcoolique, qui est une question d'actualité.

Les trois chapitres suivants traiteront de l'anatomie pathologique, de la pathogénie et du diagnostic des paralysies toxiques.

Nous terminerons enfin par un court aperçu de leur traitement médical et chirurgical.

DES

PARALYSIES TOXIQUES

CHAPITRE PREMIER

DES PARALYSIES
DANS LES MYÉLO-ENCÉPHALOPATHIES TOXIQUES

Deux sortes de lésions d'origine toxique.

Les poisons agissent de deux façons sur les centres nerveux. Ils peuvent d'abord produire des altérations conjonctives ou vasculaires de nature irritative qui entraînent à leur suite des accidents vulgaires tels que : ramollissement cérébral, hémorragies, etc. Mais ils peuvent aussi exercer une influence directe sur les éléments nobles (cellules motrices ou sensitives) qu'ils paralysent ou surexcitent selon les cas.

Lésions banales conjonctives et vasculaires.

L'intoxication saturnine chronique, par exemple, engendre une longue série de désordres nutritifs qui se traduisent par la transformation fibreuse ou graisseuse des parois artérielles. En un mot ce sont les lésions de l'athérome. Elles sont fréquentes entre toutes et de nature à favoriser des thromboses de la sylvienne ou des apoplexies dans le domaine de la cérébrale moyenne. Il est bien évident que les paralysies à forme monoplégique ou hémiplégique, qui résultent de ces accidents, ne font pas partie de notre sujet.

Lésions fonctionnelles.

On connaît d'autre part l'action produite sur les centres nerveux par certaines substances minérales, végétales ou animales (sels, alcaloïdes, venins). Dans ces cas la durée des phénomènes toxiques est subordonnée à l'élimination progressive du poison par les émonctoires naturels ou à sa destruction dans l'organisme. Chacun sait, par exemple, que la strychnine exerce un pouvoir convulsivant sur la substance grise de la moelle épinière ; que les sels de potasse ont une influence analogue sur le mésocéphale, — siège probable du syndrome éclamptique. Les sels de plomb, dans certaines conditions, se comportent de même, et, selon leur degré de concentration, selon leur répartition dans le cerveau, le bulbe ou la moelle, provoquent tel ou tel ordre de phénomènes (convulsions, délire, paralysie, etc.). Cette interprétation pathogénique de l'encéphalopathie saturnine est tout hypothétique puisque la pathologie expérimentale n'a point élucidé encore le mode d'action des substances toxiques sur les éléments nerveux. Mais l'hypothèse est justifiée par la comparaison des faits cliniques avec les faits expérimentaux. Ce qui, en effet, ressort chaque jour de l'observation clinique, c'est que les désordres médullaires ou encéphaliques imputables à l'action *directe* d'une substance toxique sur les éléments nerveux sont de courte durée et ne laissent en général rien après eux. C'est là un de leurs caractères essentiels, qui leur est commun avec les intoxications expérimentales par la noix vomique, le curare ou le chloral.

Encéphalopathies et myélopathies.

L'ensemble de ces troubles transitoires est désigné sous le nom d'*encéphalopathie.* Il a été étudié depuis quelques années avec grand soin par beaucoup de cliniciens éminents. Nous n'aurons rien à ajouter aux descriptions classiques. Mais nous ferons une remarque : on a créé, pour les besoins de l'étude, des divisions artificielles d'après la prépondérance des phénomènes délirants, convulsifs ou paralytiques. Or on aurait grand tort de considérer ces catégories comme tout à fait distinctes et indépendantes les unes des autres. En réalité, dans le saturnisme comme dans l'alcoolisme ou l'arsénicisme, il n'y a pas plus de forme paralytique pure que de formes délirante ou convulsive essentielles. Dans l'encéphalopathie saturnine à crises épileptoïdes par exemple, qui est la forme la plus commune (celle dont Grisolle et Tanquerel ont donné de si bonnes descriptions), les symptômes médullaires ont une importance à peu près équivalente à celle des symptômes cérébraux : ce sont des paralysies sensitives et motrices des membres, des contractures, des mouvements automatiques, de la rétention d'urine, etc. Aussi le professeur Jaccoud a-t-il proposé pour ce syndrome la dénomination de saturnisme *cérébro-spinal*. On voit déjà par cet exemple que les paralysies, dans les encéphalopathies toxiques, sont la plupart du temps combinées avec d'autres accidents convulsifs ou délirants. D'autres fois, elles les précèdent et inaugurent une série de graves accidents au milieu desquels elles semblent disparaître, car ceux-ci aboutissent presque aussitôt au coma.

Encéphalopathie saturnine.

Il est rare qu'elles occupent les deux membres supérieurs : le type paralytique le plus commun est l'hémiplégie ; après lui, par ordre de fréquence, vient la paraplégie. La plupart du temps, ces paralysies sont compliquées d'un léger degré de contracture, lequel peut, à un moment donné, prendre les allures d'un vrai spasme clonique et dégénérer, soit en épilepsie partielle, soit en un tremblement continu. Qu'il s'agisse d'une paraplégie ou d'une hémiplégie, l'anesthésie est constante ; elle peut s'étendre d'ailleurs au delà des limites de la paralysie. A cet ensemble déjà complexe s'ajoute un délire souvent furieux, d'autres fois tranquille et même « raisonné », en tous cas paroxystique et en quel-

Paralysies spasmodiques.

Troubles psychiques.

que sorte intermittent. Dans toutes les maladies humaines, les troubles cérébraux et en particulier le délire, dès qu'ils apparaissent, font reléguer au second plan les phénomènes paralytiques. Il en est ainsi dans la myélo-encéphalopathie saturnine où les paralysies ne sont en somme que des symptômes accessoires.

On en pourrait dire autant de l'encéphalopathie alcoolique ou le délire joue un rôle capital, et la paralysie un rôle très secondaire. Le *delirium tremens* peut en effet se déclarer et évoluer tout seul; en quelque sorte, il se suffit à lui-même. Les paralysies au contraire ne sont jamais seules; toujours elles sont combinées à des hallucinations, à du tremblement, à l'anesthésie, aux convulsions. Et puis, ici encore, il est exceptionnel qu'une hémiplégie ou une paraplégie présentent les caractères bien francs de la paralysie flasque, c'est-à-dire la résolution absolue et l'absence d'exagération des réflexes patellaires. Toujours quelques masses musculaires ont une certaine raideur; quelquefois même on observe de véritables contractures. Dans ce cas, les réflexes tendineux sont plus brusques et plus intenses, et se compliquent de trépidation épileptoïde. Enfin la durée de ces paralysies est très courte. Comme elles font partie intégrante de la myélo-encéphalopathie, elles disparaissent avec celle-ci. Elles en sont même le plus fugitif symptôme, car tous les autres leur survivent.

Delirium tremens.

Nous avions exclu de notre sujet les paralysies avec contracture et nous venons de voir que les paralysies alcooliques d'origine cérébro-spinale se compliquent presque toujours de raideurs des membres et d'exagération des réflexes tendineux. Un autre exemple, celui-là emprunté à l'histoire des intoxications végétales, va rendre encore plus évidentes, d'une part, cette tendance spasmodique des phénomènes myélopathiques, d'autre part, leur fugacité. L'intoxication à laquelle nous faisons allusion a été dési-

Intoxications végétales.

gnée sous le nom de *lathyrisme* L'importance qu'elle a prise depuis quelque temps — et à très juste titre — parmi les empoisonnements chroniques d'origine alimentaire, nous oblige à entrer dans quelques détails.

Lathyrisme

On sait que l'usage exclusif, dans l'alimentation, des lathyrus ou gesses, plantes de la famille des légumineuses, détermine une intoxication particulière, que Cantani a le premier désignée sous le nom de lathyrisme. Cette intoxication s'observe quelquefois dans le centre et le midi de la France, beaucoup plus souvent en Algérie et en Italie.

Comme la plupart des intoxications similaires (ergotisme, etc.), elle se présente sous forme d'épidémies, à certaines époques de l'année où la disette des autres légumes oblige des populations entières à se nourrir de gesses. Presque tous les auteurs sont d'accord pour reconnaître à la maladie un début brusque. Le sujet s'est couché bien portant, il se réveille paralysé; aussi remarque-t-on chez tous les malades une tendance à attribuer les accidents qu'ils éprouvent à un refroidissement contracté pendant la nuit. Cette question de début mise à part, il existe dans les descriptions cliniques les plus grandes divergences; et il est bien certain qu'à la lecture de quelques observations, il serait difficile de se douter qu'il s'agit de paralysies véritables et conformes à notre définition.

Paraplégie spasmodique.

L'impuissance motrice et en particulier la paralysie des membres inférieurs ont frappé les premiers observateurs. Dans un rapport sur une épidémie du département de Loir-et-Cher, présenté en 1829 à l'Académie de médecine, le Dr Desparanches (de Blois) fait mention, il est vrai, de « petits mouvements convulsifs » que l'on observe dans les cuisses et les jambes, mais il insiste surtout sur l'affaiblissement des extrémités inférieures et sur l'impossibité de marcher ; quel qu'ait été le début des accidents, il en résulte toujours à la fin une paralysie incomplète des membres inférieurs.

Le professeur Cantani, dans une leçon clinique consacrée à ce sujet en 1873 et dont nous empruntons l'analyse à P. Marie (1), rapporte l'histoire de trois frères de huit, dix et vingt ans, qui, s'étant nourris quelque temps de graines de *lathyrus clymenum* présentèrent, tous les trois à la fois, des signes d'intoxication. Ceux-ci consistaient « en un affaiblissement progressif des membres inférieurs, sans aucune espèce de douleur; cet affaiblissement devint tel que les malades tombaient en marchant, puis après être parvenus à se relever, tombaient encore quelques pas plus loin » ... « Les muscles des membres inférieurs et surtout des mollets étaient un peu diminués de volume. Quand les malades étaient couchés, ils remuaient assez bien les membres inférieurs. » Ils étendaient sans peine les jambes, mais éprouvaient quelque difficulté à les fléchir, ainsi qu'à les maintenir étendues au-dessus du lit. Il existait en outre des troubles de la marche résultant de l'affaiblissement parétique de toutes les masses musculaires des cuisses et des jambes; ces troubles n'augmentaient pas quand les malades fermaient les yeux. La sensibilité ainsi que les réflexes étaient conservés intacts; mais, comme le fait observer Marie, il n'est ici question, bien entendu, que des réflexes cutanés. L'examen électrique des muscles révélait une diminution de la contractilité tant par les courants galvaniques que par les courants faradiques; cette diminution existait surtout dans le psoas iliaque, les fléchisseurs de la jambe, le tibial antérieur, le long et le court extenseur des orteils.

Paraplégie flaccide.

Il n'est pas douteux qu'on eut affaire, dans ces trois cas, à de véritables accidents paralytiques, et si l'on s'en tient à la description de Cantani, quelque incomplète qu'elle soit, les symptômes du lathyrisme doivent être rapprochés, à certains égards, de ceux que nous verrons, un peu plus loin,

(1) *Progrès médical*, 1883, page 66.

caractériser les paralysies toxiques d'origine périphérique. La forme incomplète de cette paralysie, la diminution de la contractilité électrique, l'atrophie musculaire, pour ne parler que des trois principaux signes, justifient ce rapprochement.

Tabes spasmodique du lathyrisme.

Mais c'est une tout autre impression qui résulte de la lecture des travaux de Brunelli (1), de Giorgieri (2), de Bourlier (3) et surtout de Bouchard et de Proust (4). Brunelli a étudié la maladie sur onze individus, tous au-dessous de 35 ans. Nous extrayons de l'analyse détaillée de Marie le résumé suivant : Les premiers symptômes consistaient en faiblesse et en tremblement des jambes. Quelques malades éprouvaient comme une sorte d'ivresse, surtout après le repas, quand celui-ci était composé de pain fait de farine de blé et de *lathyrus cicera* en proportions égales. Si, dès l'apparition des premiers symptômes, ils renonçaient à cet aliment, la maladie ne poursuivait pas son cours. Si au contraire la misère les condamnait à la même nourriture, le mal faisait des progrès rapides et réalisait au bout de deux ou trois mois l'aspect caractéristique du tabes dorsal spasmodique. On observait alors une grande raideur des jambes rendant la progression presque impossible. Les malades marchaient à petits pas, les pieds traînant à terre, les jambes serrées par la contracture des adducteurs de la cuisse, les orteils incurvés dans le sens de la flexion, le talon soulevé au-dessus du sol par la contracture des jumeaux. Un de ces malades marchait sur la pointe des pieds. — Le réflexe rotulien était exagéré, moins sous le rapport

(1) Brunelli (de Rome), Congrès international de Londres (1880). (*Transactions of the seventh session of the international medical congress*, vol. II. Médecine, p. 45.

(2) Giorgieri, *Bulletino della R. Ac. med. di Roma*, 28 moggio 1882.

(3) Bourlier, *le Lathyrisme*. Leçons du cours de thérapeutique, *Alger médical*, sept. 1882.

(4) Acad. de médecine, 1883.

de l'amplitude que sous celui de l'instantanéité; on constatait enfin de la trépidation spontanée. Bref, on se trouvait en présence d'une vraie paraplégie spasmodique. Ce sont, à peu de chose près, les mêmes symptômes que relate le professeur Bourlier d'Alger : pendant les cinq premiers jours environ, c'est un tremblement généralisé avec incertitude des mouvements des mains; quelquefois apparaissent des douleurs en ceinture au niveau de la région dorso-lombaire, puis de l'hyperesthésie des jambes, suivie d'anesthésie à la piqûre. Les réflexes tendineux sont augmentés.

Troubles sensitifs.

L'épidémie observée par M. Bouchard en Kabylie, au mois de février 1883, est encore plus propre à nous éclairer sur la nature des accidents nerveux du lathyrisme. Aucun malade n'avait de paralysie véritable. « Tous ont pu venir près de moi, dit M. Bouchard, sans autre secours qu'un bâton ou le bras d'un assistant. On dit cependant que plusieurs sont dans l'impossibilité absolue de marcher ou de se tenir debout. Ils marchent un peu inclinés en avant; leurs mouvements sont lents et raides; chaque pas s'accompagne d'une secousse, constituée par deux ou trois saccades qui causent une propulsion en avant, et ils ne gardent l'équilibre qu'en s'appuyant des deux mains sur un long bâton qu'ils piquent dans le sol à quelques pas devant eux. Sans cet appui, ils tomberaient en avant. » M. Bouchard décrit ensuite leur marche qui rappelle celle des hémiplégiques contracturés. Ils avancent, la jambe raide, en extension, sans fléchir le genou et fauchent. « Pendant le mouvement de circumduction du pied qui fauche, la pointe est dirigée en bas, le pied en rotation légère et sur son bord interne; les orteils fléchis heurtent les aspérités du chemin; il en résulte que presque tous les malades présentent des excoriations ou des plaies sur la face dorsale des orteils. Le pied s'applique sur le sol d'abord par la pointe. Dès que, par la continuation du mouvement de progression du corps, tout le poids est supporté par ce pied, le talon s'élève par deux ou trois saccades convulsives qui produisent la propulsion signalée plus haut. Si le malade s'arrête, les secousses convulsives des muscles continuent à se produire et déterminent les oscillations verticales de tout le corps, qui obligent encore le malade à s'appuyer sur son bâton pour maintenir l'équilibre ; mais bientôt ces mouvements involontaires devenant incommodes, il s'assied les jambes complètement étendues. On voit alors se continuer pendant quelques instants les mouvements oscillatoires du pied. Pas d'atrophie musculaire ni de modification apparente des membres, sauf les excoriations signalées tout à l'heure sur la face dorsale des orteils. »

Localisation de la myélopathie du lathyrisme dans la moelle lombaire.

M. Bouchard ajoute qu'il n'a pas observé de troubles de la sensibilité ni de troubles vaso-moteurs. Les réflexes musculaires et tendineux sont exagérés, et on produit le phénomène du pied avec la plus grande facilité. Il n'y a rien de particulier à signaler aux membres supérieurs. On voit à quel point la description de M. Bouchard diffère de celle de Cantani. Faut-il en conclure que ces deux auteurs ont vu deux maladies différentes ou bien qu'ils ont étudié la même maladie à deux phases distinctes de son évolution? Cette dernière hypothèse est en partie justifiée par une remarque de M. Bouchard, qui considère que l'accident initial est *toujours la paralysie* et que les signes de contracture ne se développent que plus tard. Même en admettant cette manière de voir, il n'en reste pas moins établi que la myélopathie du lathyrisme, dépourvue d'ailleurs de toute manifestation encéphalopathique, se rapproche bien plus du tabes spasmodique que de la paraplégie vraie, flaccide ; et que ce n'est qu'en forçant les termes qu'on peut les faire rentrer dans une étude générale des paralysies toxiques.

Les seules notions anatomiques que nous possédons

sur cette singulière affection sont hypothétiques, attendu qu'il n'en a pas été fait, à notre connaissance, une seule autopsie. Cantani n'est pas éloigné d'admettre l'existence de lésions médullaires. M. Bourlier incline à penser qu'il y a « une perturbation dans le fonctionnement des cordons postérieurs, dans la substance blanche et grise postérieure, et dans une partie des cordons latéraux ».

Enfin M. Brunelli pense, avec une grande apparence de raison, que la lésion du lathyrisme est analogue à celle du tabes dorsal spasmodique de Erb et de Charcot, et siège dans les faisceaux latéraux. Encore une fois ce ne sont là que des localisations hypothétiques, déduites de l'étude clinique des maladies. Quelque vraisemblables que soient ces déductions, il est prudent de ne les accepter qu'avec réserve.

Paralysies dans les auto-intoxications.

Nous venons de voir des myélo-encéphalopathies, comme celles de l'alcoolisme, du saturnisme ou du lathyrisme, se manifester par des phénomènes complexes, au milieu desquels peuvent prendre place des paralysies diverses. Nous avons dit en quoi ces paralysies diffèrent de celles qu'on appelle dans le langage courant « paralysies toxiques ». Les mêmes considérations s'appliquent à d'autres paralysies, qui reconnaissent pour cause l'action des poisons de fabrication animale, en d'autres termes, des auto-intoxications.

Dans certains états, tels que l'ictère, le diabète ou l'urémie, on voit quelquefois se produire des paralysies. Les paralysies urémiques en particulier, étudiées par Bernard, Raymond et Artaud, par Chantemesse et Tenneson peuvent se localiser à la face (comme dans une observation de Letulle), ou à quelques groupes musculaires des membres; mais elles se présentent de préférence sous la forme d'hémiplégies. Dans la plupart des observations, ces paralysies ne se montrent pas à l'état de symptôme isolé, mais bien associées à des accidents plus ou moins complexes d'encé-

Paralysies urémiques.

phalopathie urémique (convulsions, coma, etc., etc.). La mort est la terminaison la plus habituelle de ces complications. Mais quand la guérison a lieu, la paralysie ne survit qu'un très petit nombre de jours aux autres symptômes. Cela seul suffirait, à nos yeux, pour montrer que ces paralysies ne se rattachent que d'une façon très indirecte à l'intoxication urémique. D'ailleurs, dans les autopsies qui ont été faites, on a constaté soit de l'œdème du cerveau et des méninges, soit de simples modifications de l'irrigation sanguine (des anémies, des congestions dans les diverses régions de l'encéphale). Ainsi, ces paralysies, qui sont, avant tout, courtes et fugitives, se montrent en général associées à d'autres symptômes d'origine cérébro-spinale, qui les masquent parfois, qui leur enlèvent, en tout cas, toute physionomie spéciale.

Voilà pourquoi ces paralysies, quoique nées à l'occasion d'une intoxication minérale, végétale ou animale, ne nous paraissent pas cependant mériter le nom de paralysies toxiques. Nous espérons mettre encore plus en évidence dans le prochain chapitre, où nous traiterons des paralysies périphériques, que cette distinction n'a rien d'arbitraire.

CHAPITRE II

DES PARALYSIES TOXIQUES PAR NÉVRITES PÉRIPHÉRIQUES EN GÉNÉRAL

Localisations fixes; paraplégie.

On ne peut encore dire en vertu de quelle prédisposition individuelle ou de quelle susceptibilité organique les substances toxiques produisent des lésions périphériques plutôt que des lésions centrales. Seule, l'intoxication saturnine paraît déterminer des paralysies plus fréquentes et plus prononcées dans les régions qui sont en contact intime avec le plomb. Mais dans cette relation de cause à effet tout est encore obscur.

Les paralysies toxiques périphériques ont chacune leur localisation privilégiée, quels que soient le mode et le lieu de pénétration du poison. Dans les cas de moyenne intensité, les paralysies en question se limitent à quelques groupes de muscles, et toujours à des muscles des membres. Elles sont le plus souvent bilatérales, mais l'un des côtés est plus frappé que l'autre. C'est, d'habitude, le côté droit. Les jambes sont prises d'abord, sauf dans le cas du saturnisme où les membres supérieurs sont toujours atteints les premiers. En général l'impuissance motrice se limite

Paralysie des extenseurs.

d'abord pendant un certain temps dans les muscles extenseurs. Cette localisation paraît même constituer le premier et le plus constant caractère des paralysies périphériques. Quand, par exception, les muscles fléchisseurs se prennent, il est rare que la paralysie n'ait pas envahi déjà le plus grand nombre des muscles extenseurs, et aussi bien les extenseurs du tronc et les muscles cervicaux dorsaux que les extenseurs des membres. Certains muscles sont le plus souvent épargnés : le diaphragme, les muscles de l'œil, le facial, le long supinateur; mais il n'en est pas un seul qui, à un moment donné, ne puisse être frappé.

Le début est brusque ou progressif. La paralysie s'installe et s'affirme dans un délai d'une douzaine de jours, précédée ou accompagnée par des troubles de la sensibilité, dont l'importance varie suivant la nature de l'intoxication. Quel que soit le degré de la paralysie (simple faiblesse ou résolution complète), les réflexes tendineux ont disparu dans les muscles malades et, souvent aussi, dans quelques muscles de la même région, qui ont conservé leur apparence et leur volume normaux. Bien entendu, c'est l'abolition du réflexe *patellaire* que les observations relatent le plus souvent, parce que la recherche porte de préférence sur les muscles cruraux. Mais, par contre, dans trois ou quatre cas nous avons vu relater l'exagération de ces réflexes, combinée avec la trépidation spinale. Il s'agit donc là de grandes exceptions; du reste, les faits auquels nous faisons allusion relevaient, comme on le verra plus loin, d'intoxications aiguës dans lesquelles les paralysies circonscrites de la périphérie étaient compliquées d'une sorte d'irritation spinale. On peut, il nous semble, rapporter l'exagération des réflexes à cette dernière influence.

Réflexes tendineux.

Les paralysies toxiques ont une durée minimum de deux à trois semaines, et quand elles la dépassent, on voit toujours l'atrophie s'ajouter à la perte de la contractilité. Ainsi,

Atrophie musculaire.

d'une façon générale, l'atrophie est proportionnée à la paralysie ; et comme elle dépend de la même cause, elle occupe les mêmes muscles. En tout cas elle n'est ni assez prononcée, ni assez étendue, ni surtout assez durable pour donner l'illusion d'une myopathie essentielle progressive. D'autres erreurs de diagnostic seraient possibles ; nous les signalerons en temps voulu.

Paralysies généralisées.

Les paralysies toxiques se généralisent quelquefois. Tantôt la généralisation est lente et s'effectue peu à peu, d'un groupe musculaire à un autre, et d'un membre inférieur à un membre supérieur. Telle est la marche de certaines paralysies alcooliques ou arsénicales, chez des individus qui restent soumis sans interruption à l'influence prolongée du poison. Tantôt au contraire, l'envahissement de tous les muscles se fait presque en même temps ou dans une très-courte période. En pareille circonstance, on peut voir des paralysies oculaires, faciale, diaphragmatique, etc. Dans cette forme même, on retrouve encore, mais à un degré moins élevé, la même susceptibilité de tel groupe musculaire et la résistance de tel autre. Ainsi c'est le triceps crural et l'extenseur propre du gros orteil qui sont toujours le plus frappés dans la forme généralisée de la paralysie alcoolique ; c'est le muscle supinateur qui l'est le moins dans la forme correspondante de l'intoxication saturnine. L'atrophie est d'autant plus rapide que la généralisation est plus complète. C'est alors que la maladie pourrait simuler une paralysie spinale aiguë ou subaiguë de l'adulte, si les troubles sensitifs et sensoriels, qui font cortège aux paralysies toxiques, n'excluaient ce diagnostic. Et si parfois l'acuité des symptômes pouvait faire soupçonner une myélite aiguë centrale, la conservation à peu près constante des fonctions du rectum et de la vessie suffirait pour éviter la confusion.

Réactions électriques.

C'est dans les formes localisées des paralysies toxiques

que l'analyse méthodique de la contractilité électrique des muscles a fourni les indications les plus utiles. C'est là qu'on peut le mieux étudier la réaction de dégénérescence. A une certaine époque on ne connaissait bien les perturbations de la contractilité que dans la paralysie saturnine. Duchenne (de Boulogne) est le premier qui ait insisté sur la diminution de l'excitabilité faradique dans les muscles malades. Il nota même l'abolition presque complète de cette excitabilité chez des sujets qui avaient conservé leur contractilité volontaire. Ce que Duchenne avait vu dans les paralysies saturnines s'est retrouvé exact dans la plupart des autres paralysies toxiques. En outre les progrès de la méthode polaire ont permis de pousser plus loin l'analyse. Aujourd'hui les formules de Erb et de Bernhardt,malgré leur aspect cabalistique, sont adoptées dans la pratique hospitalière.

Réaction de dégénérescence.

Ce qu'on recherche et ce qu'on trouve dans la plupart des paralysies périphériques, même d'intensité moyenne, c'est la « réaction de dégénérescence ». Mais celle-ci peut se présenter sous des formes multiples. La paralysie est-elle rapide et complète, la réaction va se manifester par tous ses caractères au grand complet : c'est-à-dire que le nerf aura perdu sa contractilité faradique et galvanique, tandis que le muscle n'aura perdu que sa contractilité faradique, et son excitabilité galvanique sera augmentée. Alors la formule normale sera modifiée : les réactions exprimées par les formules ASZ et KOZ seront plus prononcées. En outre la secousse sera ralentie et l'excitabilité galvanique exagérée. Mais si la paralysie ne s'établit que d'une façon lente, la phase d'hyperexcitabilité galvanique peut manquer. Il arrive souvent aussi que la réaction de dégénérescence n'atteigne pas tout son développement; on constate, en pareil cas, pour le nerf, une simple diminution de la contractilité faradique et galvanique, et, pour le muscle, une diminution correspondante de l'excitabilité faradique; quant à l'excitabilité galvanique, ses modifications sont les mêmes que celles de la réaction de dégénérescence complète. Enfin, avec les courants continus, de même qu'avec les courants induits, on peut observer des cas dans lesquels la contractilité électrique est fortement altérée, alors que la contractilité volontaire est intacte.

Les résultats que nous venons d'énumérer ont une valeur diagnostique incontestable, mais il ne faudrait pas croire à leur constance absolue, comme à un dogme. Ce serait une erreur, qu'on est d'ailleurs assez disposé à commettre, lorsqu'on a reconnu une fois l'exactitude de la formule. La réaction de dégénérescence peut en effet manquer dans *beaucoup* de cas de paralysies périphériques (toxiques ou autres). L'emploi du courant galvanique ne révèle alors qu'une simple diminution de l'excitabilité, sans que la formule soit renversée.

Attitudes vicieuses: pied-bot paralytique.

Quand les paralysies compliquées d'atrophie musculaire durent un certain temps, l'antagonisme actif des muscles non paralysés produit des attitudes vicieuses permanentes. La plus commune est celle du pied-bot. Mais tandis que dans l'immense majorité des cas, le redressement s'effectue sans difficulté au moment où les muscles récupèrent leurs fonctions, il est cependant telles circonstances où la mauvaise attitude persiste, parce que des adhérences se sont formées entre les tendons et leurs gaines. Dès lors la guérison ne peut plus être obtenue que par l'intervention chirurgicale.

Troubles de la sensibilité.

Nous avons dit que des troubles variés de la sensibilité précédaient l'apparition des paralysies. Tantôt ce sont des perversions sensitives et même sensorielles (engourdissements, picotements, brûlures), ou bien c'est de l'hyperesthésie simple. Nous renonçons à énumérer ici tous ces phénomènes. Il nous suffira de dire que leur siège correspond, en général, à la distribution topographique de la paralysie musculaire; que, le plus souvent, l'exagération de la sensibilité et les phénomènes douloureux appartiennent à la première phase, et l'anesthésie à la deuxième phase de la paralysie; enfin que tous ces désordres persistent encore quelque temps après la disparition de l'impuissance musculaire, comme ils étaient apparus avant elle. Outre les troubles de la sensibilité générale, nous signalerons d'autres altérations des fonctions sensitives, plus ou moins éloignées et indépendantes de la localisation paralytique : la perte du sens musculaire, l'amblyopie due à un scotome, l'impossibilité de se tenir debout les yeux fermés (signe de Romberg, etc.). Enfin nous insisterons sur les perversions intellectuelles et morales qu'on observe chez les alcooliques, et qui sont des éléments de diagnostic de première valeur.

Troubles trophiques.

Des lésions trophiques se produisent encore assez souvent, comme pour affirmer la névrite périphérique, sur la surface cutanée correspondant à la paralysie. On a signalé

Sclérodermie.

d'abord cette sorte de sclérodermie périphérique diffuse (Glossy-skin de Weir Mitchell), qui n'appartient en propre à aucune maladie, ainsi que des éruptions purpuriques, ou des herpès sous forme de zonas des membres, enfin des modifications de forme et de structure des ongles. Les extrémités paralysées sont presque toujours empâtées, œdémateuses, violacées, surtout du côté des tendons extenseurs, dont les gaines synoviales sont sujettes à s'enflammer.

Lésions anatomiques. Myopathie.

Quand l'occasion se présente d'autopsier un sujet mort pendant la période d'état d'une paralysie périphérique d'origine toxique, on est sûr de rencontrer toujours des altérations musculaires et nerveuses. Les altérations musculaires, très bien étudiées par MM. Charcot et Gombault, se présentent sous trois aspects différents. Les unes ne consistent que dans un amincissement simple avec conservation des muscles et de leur coloration rouge, de leur souplesse et de leur consistance. D'autres sont caractérisées par la teinte jaune, feuille morte, de certains muscles. Ceux-ci, tout à fait décolorés et comparables à la chair de poisson, « ont subi une diminution de volume considérable, et ne diffèrent, en rien d'essentiel, des muscles de l'atrophie progressive à leur période ultime de destruction ». Les dernières lésions ont un aspect tout particulier « qu'on ne saurait mieux comparer qu'à celui de la chair de jambon fumé ». Les muscles ont augmenté de volume; leur coloration est rouge brun, ils sont d'une dureté ligneuse; « ils possèdent une telle rigidité qu'un muscle long, détaché de ses insertions et saisi par une de ses extrémités, peut être tenu horizontal sans avoir presque aucune tendance à s'incurver. La surface de la coupe est sèche, luisante, parcourue par un réseau de trabécules grisâtres assez épaisses, séparant les unes des autres les faisceaux secondaires ». Ceux-ci eux-mêmes sont volumineux. MM. Charcot et Gombault font remarquer qu'on peut rencontrer sur un même muscle un mélange de ces trois états. Cette description, qui vise surtout l'atrophie musculaire de la paralysie saturnine chronique, a été complétée par une étude histologique, de laquelle il résulte que cette dernière forme représente un stade intermédiaire entre l'amaigrissement simple de la première espèce et l'atrophie presque complète correspondant à la deuxième. Quant au processus en question, il paraît légitime d'admettre qu'il consiste en une prolifération interstitielle, tandis que les éléments propres de la substance contractile dégénèrent et s'atrophient.

Névrites périphériques.

Pour ce qui est des lésions nerveuses, elles sont caractérisées par des foyers de névrite disséminés, dont le maximum d'intensité se trouve tantôt sur les branches intramusculaires, tantôt sur les dernières ramifications cutanées.

Bien plus, il est assez commun de découvrir de véritables foyers de ramollissement ou de sclérose des gros troncs nerveux, du radial par exemple et même du sciatique, pourvu qu'on se donne la peine de disséquer le nerf dans toute sa longueur, comme l'ont fait Lancereaux d'abord, Leudet ensuite. Mais nous ne voulons insister ici que sur la difficulté de la recherche de ces lésions et en particulier sur l'impossibilité qu'il y a quelquefois à reconnaître la névrite à l'œil nu. En effet, sur des fragments isolés des nerfs, le microscope seul permet de faire le diagnostic anatomique. Encore faut-il avoir pris toutes les précautions nécessaires pour que les troncs ou les ramuscules nerveux n'aient subi aucune modification cadavérique, qui rende inapplicables les procédés techniques de coloration ou de dissociation. Nous verrons encore, en étudiant quelques-uns des principaux types des paralysies toxiques, que certaines lésions cérébro-spinales peuvent coexister avec les névrites périphériques multiples, sans paraître exercer sur elles aucune influence. Tel était le cas d'un malade atteint de paralysie radiale saturnine, et à l'autopsie duquel on trouva une hémorragie ventriculaire.

Le pronostic des paralysies toxiques est favorable en général. On verra par la suite que cette règle souffre peu d'exceptions.

CHAPITRE III

DE QUELQUES PARALYSIES TOXIQUES

L'exposé qui précède donnerait une fausse idée de la plupart des paralysies toxiques, s'il ne devait être corrigé et complété par une courte monographie de chacune d'elles. Jusqu'à présent, nous n'avons signalé que des caractères communs. A cette synthèse, trop simple pour être toujours exacte, il faut opposer maintenant l'analyse de quelques cas particuliers. Mais, comme il nous serait impossible de consacrer un chapitre spécial à toutes les paralysies d'origine toxique, nous nous bornerons à passer en revue les principales d'entre elles, suivant le même ordre et la même méthode de description que dans le chapitre précédent.

Paralysies alcooliques.

Si nous commençons par les paralysies alcooliques, c'est parce qu'elles sont à la fois les plus intéressantes et les plus complètes. Elles répondent mieux que toutes les autres à la description générale, et nous y reconnaissons surtout l'influence pathogénique des névrites périphériques. Mais ce ne sont pas des paralysies motrices *pures*. Des troubles de la sensibilité générale ou sensorielle, et quelquefois des troubles psychiques, viendront compliquer le tableau ; à tel point que, parmi tous ces symptômes tributaires de l'alcoolisme chronique, les perversions de la sensibilité ont été longtemps considérées comme les plus importantes. On connaissait bien, d'ancienne date, la faiblesse musculaire généralisée, l'impotence des membres inférieurs et des masses sacro-lombaires ; mais on ne croyait pas à de véritables paralysies ; et, jusqu'au livre mémorable de Magnus Hüss, cet anéantissement des forces, cette *asthénie* des alcooliques, étaient attribués plutôt à un trouble général de la nutrition qu'à des altérations nerveuses localisées.

Asthénie alcoolique.

Lorsqu'on apprit l'existence de paralysies vraies, bien circonscrites, et subordonnées à l'influence prolongée de l'alcool, on comprit la parenté de toutes ces variétés d'impuissance musculaire (faiblesse, asthénie, parésie, paralysie, etc.), et on les étudia dans un chapitre spécial. Ainsi l'histoire des paralysies alcooliques ne date que de Magnus Hüss.

Toutefois, s'il faut en croire un tout récent article de M. Dreschfeld, c'est un observateur américain, James Jackson (1), qui le premier et dès 1822, les aurait signalées et rapportées à leur véritable cause. Il n'aurait eu qu'un tort, celui d'attribuer une importance exagérée à certaines complications articulaires, en somme exceptionnelles, d'où il avait tiré le nom de la maladie. Il l'appelait *arthrodynie*. « Elle vient, dit-il, par degrés, commence par des douleurs dans les membres inférieurs et aux pieds, puis elle s'étend aux mains et aux bras. Les mains sont prises quelquefois les premières. Dans tous les cas, à une période avancée,

Arthrodynie alcoolique.

(1) Cité par Dreschfeld, *Brain*, janvier 1886.

les douleurs sont plus prononcées dans les pieds et dans les mains que dans les parties supérieures des membres. Ces douleurs sont excruciantes, mais varient d'intensité selon les moments. Elles sont accompagnées d'un engourdissement tout à fait pénible. Quand la maladie a duré quelque temps, on voit survenir des contractions dans les doigts et dans les orteils, avec de l'inhabileté à s'en servir. A la longue, les mains et les pieds perdent tout usage. Les muscles fléchisseurs manifestent comme dans d'autres maladies un plus grand pouvoir que les extenseurs. Tout le corps diminue de volume, sauf quelquefois l'abdomen. D'ailleurs la face ne montre pas l'apparence d'émaciation commune à beaucoup de maladies viscérales. La diminution de volume s'observe surtout aux pieds et aux mains, et en même temps, la peau de ces parties prend un aspect spécial, qu'on observe aussi, mais moins caractérisé, sur d'autres parties. Cet aspect résulte d'un état lisse et luisant avec une sorte de finesse de la peau. Les téguments semblent étroits et tendus, sans rides, sans plis, — quelque chose comme si les parties sous-jacentes étaient gonflées. Mais la peau n'est pas décolorée; elle n'est le siège d'aucune effusion, et le caractère qu'elle prend provient d'un changement dans sa structure propre. » Cette citation, que nous avons tenu à reproduire dans son entier, n'est pas d'un observateur vulgaire, mais elle est par trop concise, Beaucoup de choses importantes n'y sont qu'esquissées à grands traits. Combien plus attentive et détaillée est l'étude de Magnus Hüss! En résumé, c'est toujours à l'auteur suédois que revient l'honneur d'avoir tracé le premier tableau fidèle de la paralysie alcoolique.

Dix ans plus tard, M. Lancereaux (1) complétait M. Hüss,

(1) *Gazette hebdomadaire de méd. et de chir.*, 1865, et article *Alcoolisme* du *Dict. Encycl. des sc. méd.*

et soulevait déjà la question des névrites périphériques. Ensuite venaient un mémoire de Leudet (1) où le sujet n'est envisagé que par une de ses faces, puis les observations confirmatives de Wilks (2), de Lockart Clarke (3), qui appellent l'attention sur la plus grande fréquence de cet accident chez les femmes, et la thèse excellente d'Œttinger (4), enfin les leçons de M. Charcot (5), où nous voyons résoudre pour la première fois le problème des pseudo-tabes dans leurs rapports avec les paralysies alcooliques. Ce dernier point de vue a suggéré à M. Leval-Picquechef un intéressant travail, auquel nous ferons quelques emprunts (6).

Paralysies localisées ; leur siège.

Les paralysies alcooliques se localisent de préférence sur certains groupes musculaires, et, dans la forme la plus ordinaire, ce sont les muscles extenseurs, qui sont frappés les premiers.

On remarque d'abord une certaine faiblesse des membres inférieurs, sans pouvoir préciser le siège de la plus grande impotence musculaire. Il s'agit, en tous cas, d'une paraplégie vraie, car la parésie ou la paralysie sont le plus souvent bilatérales ; et telle est la fréquence de cette localisation que Wilks et Lockart Clarke, n'ont eu en vue dans leurs publications que « la paraplégie des alcooliques ». Le début n'est jamais brusque. Avant d'être privé de l'usage de ses membres, le malade avait ressenti (peut-être depuis de longs mois) les signes avant-coureurs de son infirmité, sous forme de crises douloureuses nocturnes,

(1) *Arch. gén. de méd.*, 1867.
(2) *The Lancet*, 1872.
(3) *Ibid.*, 1872.
(4) *Études sur les paralysies alcooliques*, Paris, 1885.
(5) *Gaz. hôp.*, 1884.
(6) *Case of alcool paraplegia, in Liverpool med. chir. journ, July.*, 1883.
Les nombreux travaux qui ont été publiés dans ces derniers temps sur ces divers sujets, reproduisent presque tous le même aperçu historique plus ou moins détaillé, auquel nous renvoyons le lecteur.

limitées avec assez d'exactitude aux régions paralysées.

Peu à peu, l'impuissance motrice se cantonne soit dans un seul muscle, soit dans plusieurs muscles ou groupes de muscles. Le triceps crural (en particulier le droit antérieur) est pris le premier. Souvent il reste seul paralysé. Viennent ensuite les muscles extenseurs commun et propre des orteils, et, avec une fréquence qui équivaut à une règle générale, l'extenseur propre du gros orteil. Puis c'est le tour du groupe latéral (les péroniers), enfin des muscles du mollet. Beaucoup plus tard, la paralysie peut atteindre les adducteurs et les abducteurs de la cuisse; mais c'est encore une exception.

L'intensité très variable de cette paraplégie explique les différences des descriptions. Ainsi la parésie simple paraît être la seule forme qu'ait signalée Magnus Hüss; elle est d'ailleurs la plus commune. On l'observe tantôt limitée, tantôt généralisée. Mais le plus grand nombre des observations sont relatives à des paralysies qui, si elles sont complètes, quant à l'intensité, sont limitées quant au siège. Comme il s'agit alors d'une paralysie des extenseurs, il en résulte une attitude très caractérisée: le malade ne pouvant plus se tenir debout, reste assis ou couché, et, s'il est assis sur un siège un peu élevé, ses jambes pendent flasques et ballantes; les muscles des cuisses ne peuvent plus les étendre. Le pied pend aussi, la pointe dirigée en bas et en dedans. Sa face dorsale continue le plan antéro-externe de la jambe; la plante regarde un peu en dedans, le bord externe étant situé plus bas que le bord interne. Quant aux orteils, ils sont plus ou moins fléchis vers la plante, le gros orteil surtout, dont l'extenseur est paralysé a tel point que l'action antagoniste des fléchisseurs ramène sa face plantaire contre la face plantaire du pied, l'ongle regardant en bas. Cette action antagoniste des fléchisseurs n'est pas bornée aux muscles des orteils. Dans la position

Attitude caractéristique.

couchée, la jambe est fléchie sur la cuisse (Charcot, Lancereaux), et quelquefois la cuisse sur le bassin. Dans un cas, M. Lancereaux a vu cette double flexion portée à son extrême limite, les muscles du mollet étant appliqués sur les muscles postérieurs de la cuisse. Il existe assez souvent un léger œdème des membres paralysés, dans certains points que nous préciserons plus tard.

Démarche des alcooliques.

Il résulte de ce qui précède que la démarche de l'alcoolique, lorsqu'elle est encore possible, présente certains caractères anormaux. On conçoit d'abord que le malade ayant le pied toujours plus ou moins étendu sur la jambe, en puisse appliquer la totalité de la face plantaire sur le sol; il ne reste, en effet, que la face dorsale des orteils recourbés pour supporter le poids du corps. Mais il faut nous borner pour le moment à signaler cette incorrection de la marche, qui fera plus loin l'objet d'un examen complet.

Réflexes tendineux.

Un symptôme, corollaire de la parésie ou de la paralysie des extenseurs, est la disparition du réflexe patellaire, mentionnée pour la première fois par Glynn (1). Inutile d'en dire plus, sinon qu'il est d'une constance pour ainsi dire absolue.

Localisations anormales.

Si les paralysies alcooliques affectent le plus souvent la forme paraplégique, il ne faudrait pourtant pas croire qu'elles ne puissent se propager aux membres supérieurs, ou même s'y montrer en premier lieu. Ici encore, ce sont des paralysies des extenseurs. Par une coïncidence singulière, les deux premiers malades examinés par M. Hüss et Lancereaux, présentaient chacun une paralysie radiale. Le professeur suédois supposait que la paralysie des extenseurs radiaux était aussi fréquente que celle des extenseurs de la cuisse. Or, quand la paralysie radiale est le fait de l'alcool, elle est complète, à l'inverse de ce qu'on voit dans

(1) *Case of alcool, paraplegia. Liverpool med. chir. journ.* July 1883.

l'empoisonnement saturnin, c'est-à-dire qu'elle n'épargne aucun muscle. Ou bien, si elle n'occupe pas toute la sphère du nerf radial, ce n'est pas toujours le muscle long supinateur qui jouit de l'immunité. Lilienfeld a constaté une paralysie des extenseurs, limitée au pouce et aux quatrième et cinquième doigts. Leudet a publié un cas de paralysie cubitale. Ce sont là des raretés; et, il ne faut considérer comme conformes à la règle générale, que les cas où la main tombante et en demi-pronation rappelle l'attitude de la paralysie saturnine. Mentionnons encore, comme faits exceptionnels, des paralysies limitées à la région cervicale ou cervico-dorsale, voire même des paralysies faciales complètes et des paralysies oculaires. On a insisté avec raison sur l'absence des paralysies des nerfs crâniens dans toutes les intoxications; mais ces exceptions confirment la règle, attendu qu'en pareil cas le siège anatomique de la lésion pourrait bien n'être pas périphérique, mais central. Lilienfeld (1), par exemple, rapporte un cas de double paralysie du moteur oculaire externe, chez un homme atteint de paraplégie alcoolique avec incoordination des mouvements. Or, si cette paralysie des muscles de l'œil pouvait être rapportée à l'alcoolisme, rien ne démontre qu'elle ne fût pas plutôt le signe précurseur d'un tabes vrai. Une autre observation (Henry Hun) (2) a trait à une paralysie faciale unilatérale sans paralysie oculaire, chez un homme qui avait, outre quelques paralysies musculaires des membres, du tremblement et du délire fébrile; de telle sorte que cette localisation tout à fait inusitée pourrait encore s'expliquer par une altération circonscrite de l'encéphale, aussi bien, sinon mieux que par une lésion périphérique du nerf facial. Enfin, on a voulu que le nerf pneumo-gastrique lui-même fût influencé quelquefois comme les autres nerfs périphé-

Localisations rares.

(1) *Berl. Gesell. f. Psych. und Nerv. kr.*, 1885, 13 juillet.
(2) *Americ. journ. of med. sc.*, avril 1885, p. 372.

riques ; et la tachycardie, mentionnée dans plusieurs observations, serait un indice de cette localisation exceptionnelle.

Atrophie musculaire.

A mesure que la paralysie progresse, les muscles diminuent de volume, moins par défaut d'usage que par atrophie vraie ; mais il faut reconnaître que cette atrophie ne va guère jusqu'à la complète substitution graisseuse. A cet égard, les paralysies alcooliques n'ont pas, en général, les conséquences fâcheuses de certaines autres intoxications, en particulier du saturnisme. Il n'y a rien de plus à dire sur ce point particulier.

Troubles de la sensibilité.

Nous avons fait allusion dès le début aux troubles multiples de la sensibilité, qui accompagnent ou précèdent les paralysies alcooliques. Magnus Hüss les a énumérés au grand complet et analysés avec plus de soin encore que la paralysie musculaire. Comme ils sont nombreux et variés, il faudrait, pour n'en omettre aucun, les étudier chacun à part selon leur nature et leur siège. Mais l'ordre chronologique s'adapte mieux à l'analyse clinique et il est peu sujet à varier chez les alcooliques. C'est d'abord, aux membres inférieurs, une sorte d'hyperesthésie superficielle, limitée tantôt au pied, tantôt à la partie moyenne de la jambe, tantôt à ces deux régions à la fois ; elle correspond ainsi à la surface d'application d'une botte, ou d'une bottine, ou d'une molletière. Cette sensation singulière serait, au dire de quelques-uns, plutôt le fait de l'absinthisme que de l'alcoolisme (?). En y regardant de près, elle est plus profonde et plus générale qu'elle ne le paraît, car elle occupe aussi les masses musculaires ; toute malaxation même légère des gastro-cnémiens peut causer à certains malades une vive douleur.

Hyperesthésie.

C'est là un symptôme d'une grande importance. M. Charcot considère que cette vive sensibilité des muscles, associée à une paralysie flaccide, est presque pathognomonique de l'alcoolisme.

Peu à peu, l'hyperesthésie cutanée s'exagère et prend le caractère de *fourmillements*. Ce mot se retrouve avec une constance étonnante dans toutes les observations. Souvent les malades croient sentir des insectes circuler sur leurs membres; ou bien ils se sentent griffés par des chats ou des rats, qui grimperaient le long de leurs jambes. On reconnaît là une des illusions les plus vulgaires de l'alcoolisme. Plus tard, les douleurs prennent encore plus d'acuité, mais restent limitées avec quelque exactitude aux parties paralysées, tout en s'irradiant parfois sur certains trajets nerveux, de façon à simuler ce que Valleix appelait la « névralgie générale ». Elles sont, suivant les cas, lancinantes, térébrantes, fulgurantes. Les malades les comparent souvent à des décharges électriques, qui parcourent toute la longueur du nerf crural ou du sciatique; nous retrouverons les mêmes caractères dans plusieurs cas anormaux de paralysies saturnines douloureuses. Elles se limitent aussi à certaines jointures, par exemple au genou, où elles peuvent donner le change pour un rhumatisme, comme parfois dans le tabes ataxique vrai. Mais quelle que soit la nature de ces douleurs, leur véritable caractéristique est qu'elles sont toujours plus intenses et plus tenaces à la périphérie et aux extrémités que dans la profondeur ou à la racine des membres. Ce même caractère avait été déjà signalé par James Jackson (1); M. Hüss y a insisté et tous les observateurs l'ont confirmé.

Anesthésie.

Il arrive un moment où l'hyperesthésie et les douleurs, compagnes forcées des paralysies alcooliques, s'atténuent ou disparaissent pour faire place à l'anesthésie et à l'analgésie. Il n'y a rien d'ailleurs d'absolu à cet égard. L'abolition de la sensibilité tactile est assez commune, beaucoup plus commune que l'analgésie. Elle se présente, comme

(1) *New England journ. of med. and surg.* Boston, vol. II, 1822, p. 351.

dans la plupart des affections nerveuses, sous la forme de plaques, correspondant d'une façon générale aux régions paralysées. Ou bien c'est une anesthésie, qui suit avec une parfaite exactitude les ramifications cutanées d'un nerf, du cubital, par exemple. On sait l'importance attribuée par Erb à l'anesthésie cubitale dans le diagnostic précoce de l'ataxie locomotrice. Le même symptôme est relaté cependant dans une ou deux observations de paralysies alcooliques. Les réflexes cutanés sont presque toujours conservés ; mais, par contre, on remarque assez souvent un retard dans la transmission des sensations périphériques (Charcot).

Troubles psychiques.

On observe presque toujours, surtout chez les femmes, quelques troubles de l'intelligence assez caractérisés pour confirmer un diagnostic douteux. C'est surtout une perte de la mémoire, partielle pour les choses anciennes, complète pour les événements récents. Les malades, sans doute en raison de cette perte de mémoire, sont devenus indifférents à ce qui les entoure. Ils comprennent cependant tout ce qu'on leur dit et leurs réponses sont sensées ; mais ils oublient aussitôt la conversation, et si on leur adressait de nouveau les mêmes questions ils y répondraient encore de la même façon. Cette amnésie rappelle celle de la démence sénile. « Rien n'est remarquable, dit M. Charcot, comme le calme, l'ingénuité apparente des femmes alcooliques qui, malgré leur amnésie, doivent avoir quelque notion de la quantité de boissons spiritueuses qu'elles absorbent, et qui cependant paraissent ignorer tout cela, *et l'ignorent peut-être jusqu'à un certain point.* »

Les troubles sensoriels se bornent à quelques phénomènes oculaires qui, pour être peu fréquents, n'en ont pas moins d'importance, attendu qu'ils présentent beaucoup d'analogie avec ceux du tabes vrai, et sont, par là, de nature

Neuro-rétinite.

à égarer le diagnostic. On trouve, en effet, chez les alcooliques, une amblyopie, caractérisée par un scotome central, intéressant de préférence la vision des couleurs et affectant les deux yeux en même temps et au même degré. Souvent ce scotome est absolu, c'est-à-dire qu'il y a abolition de toute perception pour le blanc aussi bien que pour les couleurs. La papille du nerf optique reste normale pendant assez longtemps, puis présente, dans les cas invétérés, une légère décoloration limitée à sa moitié interne. Ici, à l'inverse de l'amaurose tabétique, la neuro-rétinite peut s'améliorer assez vite, pourvu que l'affection ne soit pas trop ancienne et que l'influence toxique soit supprimée à temps; mais le processus n'aboutit que trop souvent à son terme naturel : l'atrophie blanche de la papille. Car il est peu de malades qui ne retombent dans leur funeste habitude. En dehors de ce scotome central, très spécial à l'alcoolisme, M. Parinaud (1) a observé des troubles iriens analogues à ceux du tabes et consistant dans l'inégalité des pupilles et dans l'abolition du réflexe pour la lumière (signe d'Argyll-Robertson). On voit de quelle importance sont les signes ophthalmoscopiques, quand le diagnostic est douteux; nous y reviendrons du reste un peu plus loin.

Paralysie généralisée.

Il ressort de tout cela que les phénomènes sensitifs ou sensoriels jouent un rôle de premier ordre dans les paralysies alcooliques, et nous n'avons eu en vue que les paralysies limitées ou étendues à quelques groupes musculaires. Ces troubles ont une signification encore plus nette chez les grands intoxiqués, qui arrivent soit en quelques jours, soit en quelques semaines, soit même en quelques mois, à la paralysie généralisée. Tel est le cas d'un malade observé par M. Charcot, et dont l'histoire est relatée tout au long dans la thèse de Leval-Picquechef. Il avait une impotence absolue des quatre membres, au point qu'on était obligé de lui donner à manger. Il était confiné au lit

(1) Thèse de Leval-Picquechef, et comm. or.

dans une immobilité complète, et le moindre mouvement provoqué lui causait de vives douleurs aux jambes, au cou-de-pied, au niveau des insertions musculaires, partout. Les muscles de toutes les régions étaient douloureux, sauf peut-être ceux de la face. Il avait eccore des douleurs spontanées, de véritrbles douleurs fulgurantes et des douleurs constrictives autours des articulations des chevillles surtout pendant la nuit. C'est dans l'espace d'un an que le malade arriva à cet état pitoyable. Mais on peut observer la même généralisation des troubles paralytiques et sensitifs sous une forme plus rapide.

Les cas de Broadbent (1) et de Henry Hun (2) rentrent dans cette catégorie. Le premier méritait, par la rapidité de son évolution, le titre de paralysie alcoolique suraiguë; il se termina par une paralysie du diaphragme. Inutile de dire que l'atrophie musculaire s'accuse, dans cette dernière forme clinique, par une intensité et une rapidité proportionnées au reste des symptômes. C'est par là qu'on peut expliquer certaines erreurs de diagnostic, entre autres celle qui consiste à prendre la paralysie alcoolique aiguë généralisée pour une myélite diffuse. La tendance actuelle, d'ailleurs, rapporte le plus grand nombre des myélites diffuses subaiguës et curables à des névrites périphériques généralisées.

Troubles trophiques et vaso-moteurs.

Les troubles trophiques et vaso-moteurs sont parmi les phénomènes nerveux les plus importants qui accompagnent les paralysies alcooliques. Les premiers consistent en des altérations du tégument, qui ont été décrites avec assez d'exactitude dans le passage cité plus haut de James Jackson. C'est quelque chose d'analogue à cet aspect lustré de la peau, pour lequel on a emprunté la désignation étran-

(1) *The Lancet*, 1884, p. 294.
(2) *Loc. cit.*

gère de *glossy-skin*. Les ongles, en leur qualité de produit épidermique, participent à cette petite perturbation locale de la nutrition tégumentaire. Les modifications qui en résultent présentent des variétés nombreuses, sur lesquelles il serait superflu d'insister.

Quant aux troubles vaso-moteurs, ils se traduisent par une rougeur cyanique des extrémités paralysées, apparente surtout lorsque le membre est vertical. Cette coloration s'étend au pourtour des malléoles, sur la face dorsale du pied, quelquefois jusque vers la partie moyenne de la jambe, par conséquent dans une étendue qui correspond à peu près à la botte ou à la bottine d'hyperesthésie. Mêmes constatations à la partie inférieure de l'avant-bras et à la face dorsale du poignet. Toutes ces parties sont parfois empâtées, œdémateuses ; on y constate une hypercrinie sudorale plus marquée à la plante des pieds et à la paume des mains (Charcot, Lancereaux, Œttinger). Dans une ou deux observations, le trouble vaso-moteur était plus prononcé encore : une éruption purpurique tachetait la peau, comme dans le vrai tabes, sur le trajet des nerfs intéressés.

Œdème du tarse et du carpe.

L'œdème du pied ou du poignet se localise quelquefois sur le trajet des gaines tendineuses, de façon à présenter une certaine analogie avec « la tumeur dorsale du carpe », dont nous retrouverons la description dans l'étude de la paralysie saturnine. Deux observations de Dreschfeld (1) et Œttinger justifient ce rapprochement et semblent indiquer l'identité des conditions pathogéniques.

Rétractions tendineuses.

Voici enfin un dernier fait relatif à la paralysie des extenseurs, sur lequel M. Charcot a le premier appelé l'attention. C'est une rigidité du membre paralysé, qui résulte non pas d'une contracture (les paralysies toxiques sont toujours flasques), mais d'une rétraction des muscles ou des tendons,

(1) *Brain*, 1884, p. 200.

immobilisés dans leur gaine aponévrotique ou fibreuse. Des adhérences se sont formées à la longue sur le trajet des muscles fléchisseurs, aussi bien que sur celui des extenseurs, peut-être même sont-elles encore plus développées sur le trajet des fléchisseurs. Il s'ensuit que les attitudes vicieuses, en première ligne celle du pied bot (équin direct ou varus équin) restent acquises d'une façon définitive après une certaine durée de la paralysie. Il y a là quelque chose d'analogue à la permanence et à l'invariabilité d'un tissu de cicatrice. Nous dirons tout de suite que l'inaction prolongée des muscles paralysés ne doit être comptée pour rien dans cette formation d'adhérences. Il existe en effet des cas d'immobilité musculaire, qui peuvent durer beaucoup plus longtemps que l'attitude vicieuse de la paralysie alcoolique, sans pourtant se compliquer d'une altération matérielle des surfaces de glissement. Ne sait-on pas, par exemple, que l'hystérie produit des contractures permanentes, dont la guérison peut être instantanée et intégrale, après plusieurs mois ou plusieurs années? Par contre, on peut observer au cours du tabes vrai l'attitude du pied bot (équin ou talus), que des adhérences fibreuses peuvent rendre incurable (1).

Il est vrai qu'on peut invoquer ici un trouble trophique, résultant d'une névrite périphérique, comparable à celle de l'alcoolisme par sa nature et sa localisation. Mais les récents mémoires de Charcot et Marie (2), Landouzy et Déjerine (3), insistent sur l'existence des mêmes adhérences tendineuses et des déformations qui en découlent, dans les différentes formes de la myopathie progressive primitive. Or ces amyotrophies sont de celles où des lésions périphériques des nerfs n'ont pas été encore reconnues. L'influence de la névrite dans le cas de l'alcoolisme, comme dans ces myopa-

(1) *Revue de médecine*, 1885.
(2) *Ibid.*
(3) Joffroy.

thies essentielles, est donc encore problématique. Nous ne nous étendrons pas davantage sur ce point, aucune interprétation n'étant de nature à nous satisfaire. Mais le fait reste acquis et il garde toute sa valeur clinique. Il est même parmi ceux qu'il n'est pas permis d'ignorer, sous peine de croire que la paralysie alcoolique des extenseurs se complique d'une contracture vraie des fléchisseurs. L'erreur a dû être plusieurs fois commise. En tous cas, nous savons deux observations, l'une de Seeligmüller(1), l'autre de Glynn(2), où il est fait mention de contractures permanentes avec impuissance motrice; la deuxième surtout signale cette *contracture* localisée dans les muscles gastro-cnémiens chez un alcoolique dont le réflexe patellaire était *aboli*. Il y a là comme une incompatibilité, qui permet de croire à une méprise.

Fausse contracture.

Nous n'avons rien dit encore des réactions électriques. Il faut reconnaître qu'elles n'ont pas été étudiées dans les paralysies alcooliques avec le même soin que dans les paralysies saturnines. Ce que nous avons dit de ces réactions dans le précédent chapitre pourrait être répété ici mot pour mot. Toutefois si l'excitabilité faradique diminue ou disparaît, comme dans toutes les paralysies par névrite, la réaction de dégénérescence est peut-être moins prononcée dans l'alcoolisme que dans les autres intoxications. L'intérêt de l'analyse électro-diagnostique se concentre tout entier sur l'ordre de succession des paralysies. Œttinger a remarqué que la réaction de dégénérescence envahit les muscles dans l'ordre suivant : d'abord l'extenseur propre du gros orteil, qu'on pourrait appeler le muscle par excellence de la paralysie alcoolique ; puis l'extenseur commun des orteils, puis le triceps crural, ensuite les muscles soléaire et gastro-cnémiens, enfin les péroniers. Quant au muscle tibial antérieur, ce n'est que dans des cas exceptionnels et toujours

Réactions électriques des muscles.

(1) *Deutsch med. Zeit.*, 1884, n° 4.
(2) *Loc. cit.*

graves qu'il perd sa contractilité électrique. Il y a donc sous ce rapport, similitude entre l'alcoolisme et le saturnisme. Au membre supérieur, la réaction de dégénérescence se manifeste d'abord dans les extenseurs des doigts et dans les muscles du pouce. L'ordre dans lequel disparaît la contractilité des autres muscles n'a pas encore été déterminé.

Pseudo-tabes alcoolique.

Nous voici parvenu au point le plus délicat de la question. L'alcoolisme, produisant des paralysies limitées, peut ou doit provoquer aussi une incoordination motrice plus ou moins prononcée.

De la localisation de ces paralysies sur les muscles extenseurs, résulte la prépondérance fonctionnelle des fléchisseurs, laquelle se traduit à son tour par un vice de l'attitude et par des troubles de la démarche. Ceux-ci sont à l'étude depuis quelque temps, ils constituent même un des chapitres les plus intéressants de cet ensemble de manifestations morbides, qu'on désigne aujourd'hui sous le titre de *pseudo-tabes*.

Dans tous les cas de pseudo-tabes, quelles qu'en soient la nature et l'origine, il y a toujours à considérer deux groupes de phénomènes morbides. Le premier, qui comprend toutes les perturbations du mouvement volontaire, est bien loin d'être le plus important, mais il frappe peut-être davantage par l'analogie de ses troubles avec ceux du tabes vrai. Il est même probable que, sans cette analogie, la question du pseudo-tabes n'eût point été soulevée. Le second groupe concerne tout ce qui ne relève pas d'un trouble de la locomotion : les douleurs fulgurantes, les troubles oculo-pupillaires, les paralysies oculaires, l'abolition des réflexes, le signe de Romberg, enfin et surtout l'évolution de la maladie ; bref, tout ce qu'on regardait autrefois comme accessoire dans l'ataxie locomotrice progressive et qui en forme au contraire la partie essentielle. Voyons d'abord les phénomènes du premier groupe.

Il y a déjà quelque vingt ans, Bourdon, Marcé, Jaccoud, Leudet signalaient certains troubles de la coordination motrice dans l'alcoolisme. Jaccoud décrivait une forme d'ataxie rare se transformant à bref délai en paralysie. C'était cette « ataxie alcoolique » dont on trouve plusieurs cas dans les anciennes descriptions du tabes, en particulier dans le livre de Topinard. Mais presque jamais ce n'était du tabes vrai. Dès cette époque Leudet insistait sur les difficultés du diagnostic de la maladie « ataxie » avec les symptômes « ataxiques » de l'alcoolisme invétéré. Parmi les signes communs aux deux états morbides, un surtout pouvait donner le change : le signe de Romberg, qui existe dans le plus grand nombre des cas de paralysies alcooliques.

Marcé le premier en fit mention à propos d'un malade « qui tombait foudroyé dès qu'on lui fermait les paupières ». En 1877, M. Charcot indiquait une forme particulière de tabes d'origine alcoolique, sur la localisation anatomique duquel il faisait des réserves. Depuis lors, Wilks (1), Leyden (2), Westphal (3), Dreschfeld (4), Krüche (5), Déjerine (6), etc., ont rassemblé un nombre respectable de faits, desquels il résulte que l'alcoolisme est capable de produire de l'incoordination des mouvements. Mais en quoi consistent ces troubles?

Pseudo-tabes ataxique sans paralysie.

Il est regrettable que beaucoup d'auteurs se bornent à signaler dans leurs observations les anomalies de la marche sans les décrire. Il leur suffit d'avoir dit « ataxie ». Ou bien c'est l'indication de l'état des muscles (paralysie, atrophie, etc.) qui manque; et enfin, dans les observations

(1) *Loc. cit.*
(2) *Maladies de la moelle épinière*, trad. franç., Paris. 1879.
(3) *Charité Annalen*, 1877, p. 395.
(4) *Loc. cit.*
(5) *Deutsch med. Zeits*, 1884.
(6) *Arch. de phys.*, 1884, p. 231.

complètes, les descriptions ne concordent pas entre elles. Voici par exemple un alcoolique « dont la démarche est ataxique ; il lance ses jambes en avant et de côté, et pose tout d'abord le talon sur le sol... Ses pieds restent très écartés, il se sert d'un bâton et ne peut rester debout les yeux fermés ; il tomberait, si on ne le soutenait ». En voici un autre « qui marche à très petits pas, élevant les jambes en l'air avec une secousse violente. Dans ce mouvement, les jambes restent pliées et elles retombent en frappant le sol ». Un troisième « ne marche qu'avec un aide. A chaque pas ses jambes prennent leur vol et il fait l'effet d'escalader sans cesse de gros objets placés sur son chemin ». On voit que ces cas sont assez dissemblables ; si l'on n'envisageait que l'incoordination elle-même, leur parenté serait difficile à établir. On n'entrevoit pas quels rapports il peut y avoir entre cette pseudo-ataxie et les paralysies alcooliques ; car, dans les trois exemples qui précèdent, rien ne laisse présumer une impotence fonctionnelle, même limitée. Il est possible d'ailleurs que dans certains cas, l'ataxie et la paralysie alcoolique n'aient rien de commun. Une observation de Lilienfeld (1) par exemple, nous les fait voir alternant entre elles, par conséquent indépendantes l'une de l'autre. Mais à ces cas dont la pathogénie est obscure, M. Charcot en oppose un certain nombre dont l'étude, aussi complète que possible, met en lumière la subordination étroite de l'incoordination à la paralysie motrice.

Pseudo-tabes ataxique d'origine paralytique.

Ici, c'est la paralysie prépondérante des extenseurs de la jambe et des orteils qui altère la démarche. Un malade qui réalisait le type le plus complet du pseudo-tabes paralytique marchait de la façon suivante : « Lorsqu'on le plaçait sur les jambes et qu'on l'aidait à se mettre en mou-

(1) *Loc. cit.*

vement en le soutenant sous les bras, il se redressait et portait le tronc en arrière... puis il soulevait les jambes par une flexion brusque et exagérée de la cuisse, comme si, par exemple, il venait de poser le pied sur une place brûlante... A ce moment, le genou se trouve élevé à une grande hauteur, mais la pointe du pied reste tombante; celui-ci est alors projeté, comme lancé en avant, puis reposé sur le sol sans choc du talon. M. Charcot compare cette démarche à celle du cheval qui *steppe* (1) et estime qu'elle est produite par la parésie des extenseurs du pied. » En effet, la flexion exagérée des orteils et surtout du gros orteil, et l'extension du pied sur la jambe seraient un obstacle à la progression, si pour empêcher la pointe du pied de traîner sur le sol, les muscles fléchisseurs de la cuisse sur le bassin n'élevaient le membre à une certaine hauteur. D'autre part, le triceps crural ayant perdu le pouvoir d'étendre la jambe sur la cuisse, comme dans la marche normale, le genou reste fléchi; et, pour avancer, le malade ne peut projeter sa jambe en avant qu'à la condition de renverser le tronc en arrière, ou de faire agir avec énergie les muscles fléchisseurs de la cuisse. Tel est le mécanisme de la marche chez les alcooliques. On voit qu'il est subordonné à une impotence fonctionnelle, localisée aux groupes extenseurs de la cuisse et de la jambe, et non pas aux causes encore problématiques de l'ataxie vraie. La moindre intensité de la parésie musculaire aux membres supérieurs explique en partie la rareté de l'incoordination motrice des bras et des mains. Dans la thèse de Leval-Picquechef, on ne trouve signalés que trois cas de tremblement, de diminution de la sensibilité tactile et de perte du sens musculaire.

Résumons une dernière fois les différences qui séparent

(1) LEVAL-PIQUECHEF, *loc. cit.*

la démarche des alcooliques atteints de pseudo-tabes paralytique de celle des tabétiques vrais : ceux-ci lancent les jambes en avant et en dehors, d'un seul coup, la pointe en l'air, puis frappent le sol avec le talon. Dans cette succession de mouvements incoordonnés, la volonté du malade ne commande que la direction générale de la marche. Au contraire, chez l'alcoolique qui a un pseudo-tabes d'origine motrice, la progression, toute pervertie qu'elle soit, est un acte voulu, combiné dans ses moindres détails, médité à chaque pas, et dont le désordre apparent n'est en somme qu'une façon ingénieuse de remédier à l'état paralytique.

Difficultés du diagnostic.

Les paralysies alcooliques ne sont pas les seules qui produisent la perversion motrice que nous venons de décrire. Toutes les paralysies des mêmes groupes musculaires, quelle qu'en soit l'origine, peuvent avoir les mêmes conséquences. Telles sont certaines paralysies amyotrophiques de l'enfance ou de l'adolescence, étudiées par MM. Charcot et Marie (1). Telle est la paralysie du nerf crural dans quelques cas de mal de Pott. Ici, la connaissance de la cause ne permet pas au diagnostie de s'égarer. Dans l'alcoolisme, au contraire, le problème est bien plus compliqué. Jusqu'ici en effet, nous n'avons envisagé que des désordres moteurs. Restent tous les signes qualifiés d'*accessoires* de l'ataxie : les troubles dela sensibilité cutanée ou réflexes, les troubles oculo-pupillaires, l'état des réflexes tendineux, le signe de Romberg, les phénomènes vaso-moteurs, etc.

Nous n'avons plus à étudier tous ces symptômes, mais il faut bien rappeler encore qu'ils peuvent coexister avec l'incoordination motrice. On juge de la difficulté du diagnostic quand le hasard les rassemble au grand complet chez le même malade. Sans doute si l'on retrouve dans sa dé-

(1) Sous presse.

marche les caractères tranchés que nous venons de signaler, la confusion doit être évitée. Mais la parésie peut être encore trop peu prononcée pour produire le steppage; alors les douleurs fulgurantes, l'abolition des réflexes tendineux, quelquefois le scotome, enfin et surtout le signe de Romberg (1), associés à la moindre hésitation de la marche peuvent induire en erreur. Il faut alors procéder à une analyse minutieuse des symptômes. L'alcoolisme d'ailleurs est loin d'être incompatible avec le tabes. Il y a peu de temps, MM. Charcot et Parinaud observaient ensemble un malade, alcoolique avéré, chez qui certains troubles de la sensibilité permettaient de soupçonner le tabes, mais qui n'avait pas encore de paralysie motrice. En revanche, il avait le scotome central et était sujet à des cauchemars, à des tremblements; mais il avait aussi des troubles pupillaires et depuis longtemps éprouvait de grandes douleurs fulgurantes. Ce qui ajoutait encore à la difficulté du cas, c'était la persistance des réflexes tendineux. On conçoit les réserves qu'impose une situation à la fois si peu accusée et si complexe.

Principaux éléments du diagnostic.

Les observations de pseudo-tabes alcoolique commencent à être nombreuses; si nous n'avons tenu compte que de celles où l'incoordination résulte de l'impuissance motrice, c'est parce qu'elles sont les seules, jusqu'à présent, qui nous offrent quelque sécurité de diagnostic.

Voyons les éléments de ce diagnostic. Et d'abord quels sont les symptômes qui manquent toujours ou très souvent au pseudo-tabes. Parmi les phénomènes moteurs, il faut signaler en première ligne les paralysies oculaires, dont on connaît l'immense importance dans le diagnostic précoce du tabes vrai. Si, en effet, elles font défaut dans le pseudo-tabes alcoolique, il est bien rare qu'elles n'aient pas existé

(1) Comm. or.

à un moment donné de l'existence d'un tabétique vrai, ne fût-ce que pendant quelques jours. Dans le même ordre de faits, nous rappellerons que l'ataxique ne perd sa force musculaire qu'à une période tardive de sa maladie, tandis que le pseudo-ataxique est à demi paralysé dès l'apparition de l'incoordination motrice. Ainsi lorsqu'il est couché il ne peut soulever le talon au-dessus du plan de son lit.

Parmi les troubles de la sensibilité communs aux deux états, nous avons noté les douleurs fulgurantes; mais elles sont limitées chez le pseudo-tabétique à l'extrémité des membres inférieurs et elles n'existent jamais aux membres supérieurs; les fourmillements, même à l'extrémité des doigts, sont rares; quant aux douleurs en ceinture, si fréquentes dans l'ataxie vraie, elles ne sont signalées dans aucun cas de pseudo-tabes. La perte du sens musculaire manque presque aussi souvent. Enfin la plupart des phénomènes douloureux du pseudo-tabétique rappellent les illusions ou les hallucinations de l'alcoolique en proie au *delirium tremens,* puisqu'elles sont comparées le plus souvent à des morsures ou à des égratignures faites par des animaux et qu'elles ont toujours leur maximum d'intensité pendant la nuit. Les troubles de l'ouïe, assez ordinaires dans le tabes, font défaut dans le pseudo-tabes, ainsi que toutes les manifestations douloureuses viscérales, telles que les crises gastriques, rénales, rectales, laryngées, etc. Quant aux troubles génito-urinaires, la parésie vésicale, par exemple, on peut les observer dans les deux cas, mais à titre tout à fait exceptionnel dans le pseudo-tabes alcoolique (Charcot).

Ces éléments de diagnostic ont une valeur incontestable. Cependant, il en est un dont nous n'avons pas encore parlé et qui prime tous les autres : l'évolution de la maladie. C'est celui-là qui lèvera les doutes. Et même, dans nombre de cas, lui seul, selon M. Charcot, aurait une valeur pathognomonique. En effet, il faut au tabes vrai des mois et des années pour arriver à son fastigium. Si, dans des cas exceptionnels, son début est brusque et sa marche rapide, il lui arrive encore plus souvent d'absorber la moitié d'une existence. Rien ne l'arrête dans sa marche progressive. La succession des symptômes moteurs ou sensibles s'accomplit selon un certain ordre : d'abord les paralysies oculaires, puis les douleurs en ceinture, puis les troubles de la sensibilité, etc., en un mot, tout ce qui caractérise ce qu'on a appelé la période præ-ataxique du tabes. Le pseudotabes, au contraire, s'affirme dès les premiers jours, et atteint en quelques semaines son complet développement. Tout ou presque tout apparaît à la fois. Si les troubles de la sensibilité précèdent l'incoordination, c'est seulement à quelques jours d'intervalle. Quand le malade alcoolique revient à des habitudes de tempérance, tout s'amende, quelquefois tout disparaît, puis sous l'influence de nouveaux excès, le pseudo-tabes se reconstitue, semblable à la première atteinte, mais chaque fois plus intense et plus rebelle... Et combien de signes différentiels encore, tirés du caractère des douleurs, de leur localisation, de leur nature!

Évolution et marche des paralysies alcooliques.

Les paralysies alcooliques, accompagnées ou non d'incoordination motrice, ont une évolution plus rapide en général que celles des autres intoxications (surtout des saturnines et de celles que produit l'oxyde de carbone). Mais comme rien n'est plus vrai que le proverbe : « Qui a bu boira », les récidives deviennent de plus en plus fréquentes et prolongées, et l'état paralytique s'installe parfois en permanence, créant ainsi une infirmité presque incurable. Cette dernière éventualité n'est pas commune. Œttinger et Lancereaux cependant l'ont observée assez souvent pour admettre que le pronostic est en règle générale défavorable. Alors, c'est l'atrophie musculaire qui aggrave l'impotence fonctionnelle, et elle peut être assez complète pour devenir irrémédiable. Wilks, Charcot sont moins pessimistes. Leurs observations prouvent en effet la parfaite curabilité des paralysies alcooliques, à condition que l'organisme soit soustrait, en temps voulu, à l'absorption du poison. La même réserve s'impose en présence des paralysies saturnines. Mais cela n'infirme en rien la bénignité générale des paralysies toxiques, que nous avons présentée, dans le chapitre précédent, comme un de leurs principaux caractères.

Anatomie pathologique.

Les lésions musculaires produites par la névrite alcoolique périphérique ne nous arrêteront pas, car elles n'ont rien que de banal. Il ne serait pourtant pas sans intérêt de savoir quelle sorte d'irritation chronique (de cause trophique ou autre) produit les rétractions et les adhérences fibro-tendineuses signalées plus haut. Jusqu'à ce jour, l'anatomie pathologique est muette sur ce point.

Lésions centrales.

Quant aux lésions nerveuses, nous ne voudrions envisager que celles du système nerveux périphérique; car l'origine centrale des paralysies que nous venons d'étudier n'est plus guère admise aujourd'hui. On a signalé souvent et on signalera encore des altérations profondes de la moelle ou du cerveau à l'autopsie des buveurs paralytiques. Dans ces dernières années, Handfield Jones (1), Wilks (2), Fischer (3), Seeligmüller (4) ont relaté des ramollissements, des scléroses de la moelle, des méningites spinales, etc.; mais la différence de nature de ces lésions est la meilleure preuve qu'elles n'ont aucune spécifité pathogénique à l'égard des paralysies alcooliques. Rien ne prouve d'ailleurs que des névrites périphériques n'existaient pas dans tous

(1) *Practitioner*, London, 1871.
(2) *Loc. cit.*
(3) *Arch. f. Psych.*, 1882, t. XIII, p. 1.
(4) *Loc. cit.*

ces cas, en même temps que les altérations centrales. Ainsi la première observation où il soit fait mention d'une névrite périphérique, caractérisée par une « dégénérescence granulo-graisseuse des nerfs du mouvement et du sentiment » présentait un exemple de ce genre. La « sclérose spinale » y est relatée (Lancereaux, 1864).

Lésions des nerfs périphériques

Les seules lésions qui nous intéressent sont celles des racines et des nerfs. Or, depuis les travaux de Lancereaux et de Leudet, où nous voyons signalées pour la première fois des névrites périphériques avec intégrité de la moelle et du cerveau, le nombre des cas démonstratifs des névrites alcooliques disséminées, partielles et symétriques, s'est accru dans des proportions inattendues. Les autopsies les plus instructives à cet égard sont celles de Reginald Thompson (1), où il est fait mention de l'atrophie des nerfs péroniers et radiaux (comme dans le saturnisme); celle de Moeli (2), relative à une névrite des deux nerfs cruraux; celles de Dreschfeld (3) (nerfs cruraux et nerfs sciatiques); de Hadden (4), Déjerine (5), Œttinger (6), concernant des altérations étendues à tout le système périphérique, et d'autant plus accusées, qu'on les observe plus loin du centre spinal. Ici, en effet, les ramuscules cutanés présentent des altérations profondes, en tout cas plus avancées que celle des nerfs intra-musculaires. Nous en dirons plus loin la raison. M. Déjerine a bien étudié surtout la névrite des derniers ramuscules périphériques. Chose curieuse, les racines antérieures ou postérieures sont, dans l'immense majorité des cas, intactes, ou peu s'en faut. Quant au processus intime de cette névrite, il a paru au plus grand

(1) *Med. chir. transactions,* 186
(2) *Charité Annalen,* 1884.
(3) *Loc. cit.*
(4) *The Lancet,* 1884
(5) *Loc. cit.*
(6) *Loc. cit.*

nombre des observateurs se conformer aux procédés de la dégénération wallérienne. Mais n'y a-t-il pas une sorte de contradiction entre ce fait d'une dégénération toujours centrifuge et destinée à désorganiser la totalité d'un trajet nerveux, et ces altérations éparses, plus prononcées à la périphérie qu'au centre de l'arborisation nerveuse, capables enfin d'une restauration rapide, puisque la paralysie peut guérir à bref délai? La lésion microscopique constatée dans les névrites alcooliques, ne serait donc pas identique à la dégénération wallérienne; elle n'aurait avec celle-ci qu'une analogie grossière. D'autre part, la dégénération wallérienne vraie peut bien exister à côté de cette névrite encore indéterminée, souvent même elle en est la conséquence, quand l'irritation provoquée par le poison a acquis une intensité suffisante pour équivaloir à une section du conduit nerveux. Mais cette question est trop générale pour être étudiée ici. Nous lui consacrerons un chapitre spécial, après avoir passé en revue quelques autres types de paralysies toxiques.

Paralysies arsénicales

Toutes les préparations arsénicales sont capables de produire des paralysies périphériques. En France ce genre d'accidents est assez rare; Imbert-Gourbeyre (1) n'en a eu que plus de mérite à les décrire avec exactitude.

Aujourd'hui ce n'est plus guère qu'en Russie qu'on les observe quelquefois encore, ainsi d'ailleurs que toutes les formes de l'empoisonnement par l'arsenic. Nous n'avons pas à en dire les raisons ici. Dans une série d'intéressants mémoires, M. Scolozouboff (2) a exposé l'histoire détaillée

(1) *Des suites de l'empoisonnement arsenical.* Paris, 1881.
(2) *Arch. phys.*, 1884, p. 323.

de cette question. Nous lui emprunterons la plus grande partie des renseignements qui suivent.

Intoxication aiguë ou chronique.

Les paralysies arsénicales surviennent dans deux conditions différentes, car l'empoisonnement peut être aigu ou chronique. Selon l'une ou l'autre de ces conditions, la forme des paralysies, leur localisation, leur marche sont tout à fait dissemblables. S'il s'agit, par exemple, d'une intoxication lente, comme celle qui résulte de l'emploi prolongé de la liqueur de Fowler à dose élevée, les paralysies sont d'abord assez rares et peu accusées; en outre elles sont diffuses, mal circonscrites, fugaces et surtout associées à une foule d'autres troubles (tremblement, délire, aphasie), qui occupent dans le tableau clinique une place beaucoup plus importante que la paralysie elle-même. Si au contraire l'intoxication est le fait de l'ingestion d'une quantité massive d'arsenic (tel est le cas d'un grand nombre d'empoisonnements volontaires), les paralysies qui surviennent, soit pendant la période aiguë des accidents primitifs, soit à la suite de cette période, présentent un ensemble de caractères tout à fait comparables à ceux de l'alcoolisme chronique. Telle est même l'identité des paralysies arsénicales avec les paralysies alcooliques, qu'on peut assez souvent se demander si l'alcoolisme n'en est pas la vraie cause, autant que l'arsenicisme. M. Jaccoud (1) a d'ailleurs pris soin de remarquer que les excès alcooliques sont parmi les causes prédisposantes les plus efficaces des paralysies arsénicales.

La différence des phénomènes paralytiques, suivant le mode aigu ou le mode chronique de l'empoisonnement par l'arsenic, présente enfin une particularité assez curieuse. A l'inverse de ce qu'on observe dans les intoxications par l'alcool ou par le plomb, c'est à la suite de l'intoxication aiguë, qu'on voit se produire le plus souvent des paralysies

(1) *Traité de pathol. int.*

arsénicales conformes à notre type général des paralysies périphériques. Par contre, dans l'arsénicisme chronique, la généralisation des lésions nerveuses à toutes les parties du système nerveux, aussi bien que la multiplicité et la variabilité de leurs manifestations cliniques, rappellent ce qui se passe dans la plupart des autres empoisonnements aigus.

Localisations principales.

Les paralysies périphériques de l'arsénicisme aigu ont des localisations à peu près aussi constantes que les paralysies alcooliques. Elles occupent en premier lieu les extrémités des membres. Selon Seeligmüller (1), elles seraient plus communes dans les membres supérieurs, et selon Scolozouboff (2) dans les membres inférieurs; nous ne savons à qui donner raison; mais ce qui est certain, c'est que, dans la plupart des cas, ces paralysies frappent les quatre membres. Ce sont les extrémités qui sont prises d'abord. On constate une faiblesse d'autant plus grande qu'on s'éloigne davantage de la racine du membre, L'extension des doigts et des orteils est difficile. Les malades éprouvent des sensations de chaud et de froid, des engourdissements, des *picotements,* comme au début de la paralysie alcoolique. La disparition de la force musculaire aux avant-bras et aux jambes est souvent complète dès le quinzième jour. Nous disons qu'il s'agit encore ici d'une paralysie prépondérante dans les extenseurs. « Elle est surtout manifeste quand le malade est assis et que ses pieds sont pendants » (Scolozouboff). C'est l'attitude du pied bot équin (Seeligmüller). « Les petits mouvements sont abolis dans les doigts qui ne peuvent retenir les menus objets, et les mains et les doigts se trouvent dans un état de demi-flexion permanente... L'intensité de la paralysie est différente suivant les cas. Dans les paralysies légères, l'affaiblissement des mouvements se borne aux doigts; dans les cas plus graves, l'affaiblisse-

Attitude du malade paralysé.

(1) *Deutsch. med. Woch.*, 1881, pp. 185-200.
(2) *Loc. cit.*

ment est tel que le malade, au bout d'un certain temps, perd complètement la faculté de se tenir sur les jambes et de mouvoir les bras ; il est obligé de garder le lit et ne peut prendre de nourriture sans être aidé. Mais, couché sur le dos, il peut encore faire des mouvements volontaires des parties supérieures des membres, notamment des articulations de l'épaule et de la hanche. » On reconnaît là cette forme de paralysie toxique généralisée, dont nous avons vu plusieurs exemples, à propos de l'alcoolisme, en particulier celui du malade de Charcot et Keller, dont l'histoire est rapportée dans la thèse de Leval-Picquechef (1). Enfin le signe de Romberg complète encore la ressemblance. « Le malade ne peut plus marcher sans être secouru. Il chancelle, surtout s'il a les yeux fermés. » (Scolozouboff).

Réflexe tendineux.

Les réflexes tendineux sont abolis. On ne peut tenir compte pour ce signe que des observations les plus récentes (Da Costa, Seeligmüller, Jaeschke). A l'époque des publications d'Imbert-Gourbeyre, le réflexe tendineux n'avait pas en effet la valeur séméiologique qu'on lui attribue maintenant. Il n'est donc pas étonnant qu'on n'y ait point fait allusion. Quant aux réflexes cutanés, ils sont presque toujours conservés.

Localisations rares.

Nous n'avons que peu de renseignements sur la possibilité de localisations paralytiques autres que celles des membres. Cependant Seeligmüller a observé une paralysie des muscles du dos, et les cas d'hémiplégie transitoire ne sont pas rares ; mais il est assez difficile de dire que la paralysie à forme hémiplégique est la conséquence d'un trouble cérébral, plutôt que d'une névrite à foyers multiples et circonscrits à une moitié du corps.

Atrophie musculaire.

L'atrophie des muscles paralysés est presque toujours précoce (Jaeschke (2), Seeligmüller). Elle surviendrait en

(1) *Loc. cit.*
(2) Thèse, Breslau, 1882.

effet dès le quatorzième jour, par conséquent plus tôt que dans les autres intoxications. Elle se limite, bien entendu, aux membres, et affecte, comme la paralysie, les groupes extenseurs avant les fléchisseurs. Aux jambes, elle est manifeste d'abord dans les extenseurs des orteils et dans les péroniers. Aux avant-bras elle se montre en premier lieu dans le département du nerf radial et se propage bientôt aux muscles interosseux. Plus tard, on la voit apparaître dans la masse musculaire du mollet et dans les fléchisseurs des doigts. Enfin dans les cas graves elle envahit les muscles des cuisses et des bras. Mais alors il s'agit d'une atrophie aiguë, analogue à une poliomyélite aiguë antérieure, comme dans la forme correspondante de l'alcoolisme.

Diagnostic électrique.

Les réactions électriques n'ont pas été étudiées encore avec beaucoup de soin. Toutefois, Scolozouboff a constaté la disparition rapide de l'excitabilité faradique, et la persistance de la galvanique. Il a fait en outre cette remarque importante, que le retour de la contractilité volontaire précédait celui de la contractilité électrique. Voilà donc une analogie de plus avec les paralysies alcoolique et saturnine.

Troubles de la sensibilité.

Nous avons dit que des troubles de sensibilité survenaient en même temps que la faiblesse musculaire, caractérisés en général par des fourmillements et des brûlures. Or, à mesure que l'impotence fonctionnelle devient plus complète, les désordres de la sensibilité s'exagèrent. L'hyperesthésie cutanée se complique d'hyperesthésie musculaire ; la malaxation des masses charnues, en particulier celle du mollet et des cuisses, est pénible. Quelquefois même les malades se plaignent de douleurs musculaires spontanées, surtout la nuit. A l'hyperesthésie succède l'anesthésie. C'est d'ordinaire une anesthésie cutanée beau-

(1) *Loc. cit.*

coup plus prononcée aux pulpes digitales. Elle peut être absolue (Magnus Hüss). Le malade est dans l'impossibilité de saisir une épingle, de boutonner sa chemise, etc.

Troubles trophiques et vaso-moteurs.

On voit dans les paralysies arsénicales les mêmes troubles vaso-moteurs et trophiques que dans les paralysies alcooliques, c'est-à-dire l'œdème des extrémités, surtout de la face dorsale du carpe et du tarse, l'empâtement des malléoles, la cyanose rougeâtre des mains, des jambes et des avant-bras, les sueurs presque constantes à la paume des mains et à la plante des pieds. Une desquamation épidermique qui semble bien être d'origine nerveuse, car elle n'est précédée d'aucun phénomène éruptif, s'étend à presque toute la surface du membre inférieur, surtout vers le bas de la jambe. Enfin la lésion trophique par excellence, le zona intercostal, s'est manifesté au cours d'une paralysie arsénicale ; ce n'est peut-être qu'une coïncidence, car l'observation est unique en son genre (Jaeschke).

Rétractions tendineuses et fausse contracture.

On se rappelle les rétractions musculaires qui compromettent la guérison de certaines paralysies alcooliques. Nous pourrions répéter ici le même passage, mais nous préférons laisser parler M. Scolozouboff. « Les contractures s'allient à la paralysie grave dans sa dernière phase, dans sa période de plus grand développement, et du maximum atrophique. Selon toute probabilité, les contractures sont d'origine centrale paralytique, ou bien le résultat d'une lésion du tissu musculaire, c'est-à-dire organique; elles ne sont pas spasmodiques. Elles sont surtout accentuées dans les articulations du genou et du coude qui sont fléchies à angle droit. » Un peu plus loin, étudiant la pathogénie de ces contractures non spasmodiques, l'auteur russe ajoute : « Il serait difficile de décider si les contractures dépendent d'une affection des faisceaux latéraux ou bien si elles proviennent d'un raccourcissement des muscles dépendant de l'atrophie. »

Pseudo-tabes arsenical.

On observe encore, au cours des paralysies arsenicales, des troubles de la motilité qui, combinés avec l'abolition des réflexes, les désordres de la sensibilité, le signe de Romberg, etc., peuvent faire soupçonner l'existence d'un tabes. Il ne s'agit que de pseudo-tabes, cela va sans dire. Seeligmuller rapporte l'histoire d'un malade sujet à des troubles d'incoordination, « qui rappelaient si bien le tabes, qu'au premier examen, ce diagnostic avait été fait ». Ce malade avait une démarche d'ivrogne. L'auteur rapproche de cette perturbation du mouvement l'impossibilité de se guider dans l'obscurité. Des cas analogues ont été observés par Levin (1). Il est possible que l'incoordination dont il s'agit soit, en effet, selon l'expression de Seeligmuller, identique à celle de l'ataxie vraie. Mais nous trouvons sa description insuffisante, et nous préférons appeler l'attention sur cette autre forme de pseudo-tabes, que M. Charcot a étudiée dans l'alcoolisme, et qui relève surtout de l'impotence paralytique. Elle a été d'ailleurs très bien analysée par Scolozouboff. Parlant d'un malade atteint de paralysie arsenicale, il s'exprime ainsi : « La démarche n'offre rien de semblable à celle des ataxiques... Quand les mouvements volontaires commencent à se rétablir, la démarche, par suite de la paralysie des extenseurs, devient tout à fait caractéristique. Les extenseurs n'étant plus en état de relever le pied, le malade, pour marcher, ne lève que la jambe, traînant d'abord les extrémités des orteils sur le sol, qu'il frappe ensuite avec la pointe du pied. Le phénomène contraire est observé dans la marche des ataxiques, chez lesquels la force musculaire est conservée et la faculté de coordination abolie. » N'y a-t-il pas une ressemblance parfaite entre cette description et celle du pseudo-tabes alcoolique? N'y reconnaît-on pas les principaux caractères

(1) *Schmidt's Jahrb.* Bd, 165, p. 239.

du « steppage »? Et, en vérité, n'est-on pas autorisé à se demander si le malade de M. Scolozouboff n'était pas deux fois intoxiqué, par l'arsenic peut-être, et en tous cas par l'alcool? Nous en aurons fini avec cette description sommaire du pseudo-tabes arsenical, quand nous aurons dit qu'elle ne se complique jamais de troubles génito-urinaires.

Évolution, marche et durée.

La durée de la paralysie arsenicale varie, selon le degré de l'intoxication, de quelques semaines à quelques mois. Le traitement est pour beaucoup dans le prompt retour de la fonction musculaire. Il n'est pas rare qu'à la suite de la paralysie, alors même que la contractilité ne laisse plus rien à désirer, le malade éprouve un malaise local (hyperesthésie superficielle et profonde, engourdissement, etc.), qui se prolonge pendant assez longtemps. C'est, sans doute, à cause de la persistance de ces phénomènes que Scolozouboff déclare exceptionnelle la guérison radicale des paralysies arsénicales. Gerhardt (1) émet un pronostic plus favorable; la proportion des cas de guérison étant, selon cet auteur, de 97 pour 100.

Anatomie pathologique.

Les altérations anatomiques constatées dans les autopsies, — soit chez l'homme, soit chez les animaux expérimentés, — présentent les mêmes caractères généraux que celles des autres intoxications, avec cette différence toutefois que leur intensité est moindre dans l'arsenicisme chronique que dans l'arsenicisme aigu. Les lésions musculaires n'ont rien que de très banal. Da Costa a enlevé chez l'homme vivant des fragments de muscles à l'emporte-pièce et a constaté la dégénérescence cireuse et la transformation graisseuse, côte à côte, dans des faisceaux voisins. Quant aux lésions nerveuses, elles sont très-variées de forme et de siège, tantôt centrales (cérébrales ou spinales), tantôt périphériques. Les altérations cérébro-spinales

(1) *Phys. med. Gesell.*, Wurzburg, 1882, p. 98.

consistent en ramollissements, hémorragies, œdème, congestion, etc. Mais elles sont inconstantes. — Les lésions périphériques sont des névrites disséminées, signalées surtout par Da Costa et Jaeschke (1), mais en général assez mal étudiées. En somme, l'anatomie pathologique est encore le côté le plus obscur des paralysies arsénicales.

Lésions centrales.

Les nombreux passages que nous avons empruntés à M. Scolozouboff (2), montrent le grand cas que nous faisons de ses recherches. Mais les conclusions qu'il formule touchant la localisation centrale des paralysies arsenicales, nous semblent erronées. Sous prétexte que la moelle épinière renferme trente-six fois plus d'arsenic que la substance musculaire, il suppose que la lésion essentielle des paralysies arsenicales est d'origine spinale. Toutefois, il omet de dire la quantité du poison contenue dans les nerfs périphériques. D'autre part, comme il admet la possibilité de contractures, associées à l'état paralytique, il se croit en droit de localiser la lésion pathogénique dans le faisceau pyramidal de la moelle épinière. Enfin, la rapidité de l'atrophie musculaire et l'intensité des troubles sensitifs lui semblent caractériser des altérations à la fois antérieures et centrales. En un mot, il conclut à la « myélite diffuse généralisée ». Nous reprocherons encore au médecin russe de s'abriter derrière l'autorité de M. Vulpian, qu'il déclare partisan des myélites toxiques. M. Vulpian sans doute a fait l'examen microspique de la moelle d'un lapin, empoisonné par l'arsenic, et il y a « constaté une myélite avec destruction des tubes nerveux de la substance blanche et formation de corps granuleux; *mais la moelle était dans un mauvais état de conservation* et *il faut peut-être garder quelque doute* ». Popoff (3), élève de Mierzejewsky, ayant

(1) *Philad. med. Times*, 1880, XI, 385.
(2) *Loc. cit.*
(3) *Virchow's Arch.* 1883, XCIII, 351.

produit aussi, par voie expérimentale, des myélites plus ou moins diffuses, Scolozouboff affirme une fois de plus la nature centrale des paralysies arsénicales et récuse l'influence de toute lésion périphérique. Et voilà comme quoi il arrive à admettre une « myélite aiguë centrale » ou une « myélite diffuse généralisée ». Enfin, pour éliminer la part d'influence qu'on pourrait imputer aux névrites périphériques, il reproduit cette conclusion de Popoff : « Le système nerveux périphérique, dans l'intoxication aiguë produite par l'arsenic, le plomb et le mercure, reste à l'état normal. » Nous connaissons assez les altérations de la névrite saturnine pour ne tenir nul compte de cette dernière affirmation ; et puis, Jaeschke et Da Costa *ont vu* la névrite arsenicale. Leur analyse histologique est très incomplète, mais peu importe : la constatation de l'altération grossière suffit.

Lésions périphériques.

Paralysies par le sulfure de carbone

Un récent travail de Sapelier (1) paraît démontrer que le sulfure de carbone n'a, par lui-même, aucune influence toxique. Les empoisonnements chroniques qu'on attribue à cette substance seraient le fait de l'hydrogène sulfuré, qui se produit par décomposition des vapeurs de sulfure de carbone au contact de l'air, ou qui est contenu dans le sulfure de carbone impur. Mais comme l'action novice de l'hydrogène sulfuré ne s'exerce guère que chez les ouvriers qui emploient le sulfure de carbone dans la fabrication du caoutchouc, c'est toujours cette dernière substance qu'il faut incriminer.

Rareté des paralysies isolées.

Tous les auteurs, qui ont étudié le sulfure de carbone, au double point de vue de l'hygiène professionnelle et de

(1) Thèse, Paris, 1885.

la toxicologie, Bouchardat (1), Duchenne (2), Delpech (3), ont reconnu son influence paralysante. Ici encore, comme dans le cas de l'intoxication par la vapeur de charbon, la paralysie est le plus souvent perdue dans un ensemble très complexe de phénomènes nerveux d'origine encéphalique et médullaire. On peut compter les cas dans lesquels la paralysie a été l'unique phénomène de l'intoxication nerveuse. La thèse récente de Bonnet (4) est le meilleur travail qu'on puisse consulter sur ce sujet.

Localisations paralytiques.

C'est par les membres inférieurs que la paralysie débute le plus souvent (Delpech, Rendu, Berbès (5), Bonnet). Elle consiste plutôt en une parésie motrice, accompagnée de troubles de la sensibilité, qu'en une paraplégie vraie. Souvent les malades éprouvent une pesanteur particulière dans les jambes, comme une sensation de fatigue, qu'ils comparent à celle que pourraient produire des poids attachés aux pieds. « Ils sont obligés de prendre un point d'appui sur les objets avoisinants, pour se guider dans leur marche. La même fatigue est souvent sentie au niveau des membres supérieurs; les mains deviennent faibles et maladroites. Le malade ne peut plus serrer avec vigueur, ni porter un objet tant soit peu pesant. Quelquefois, au lieu d'être généralisée, la parésie se répartit dans certains groupes musculaires (Bonnet). » A l'inverse de ce qu'on observe dans les précédentes intoxications, les groupes fléchisseurs semblent être atteints en premier lieu. On constate un état parétique assez prononcé des fléchisseurs communs des doigts et des muscles anti-brachiaux antérieurs. Aussi la main est-elle dans l'extension. Pour la même raison, les mouvements de pronation et de supination sont

(1) Cours de la Faculté, Paris, 1852.
(2) *Arch. gén.*, 1853.
(3) *Ibid.*, 1856 et 1863.
(4) Thèse, Paris, 1885.
(5) Soc. clin., 1884.

affaiblis. Les muscles long et court supinateurs sont parésiés, mais non paralysés. L'impossibilité d'exécuter les mouvements d'abduction et d'adduction des doigts, même lorsque la main repose horizontale sur un plan résistant, indique l'impuissance fonctionnelle des muscles interosseux. Par contre, aux membres inférieurs, la parésie porte surtout sur le triceps crural et les extenseurs des orteils.

On voit que cette paralysie est loin de présenter des localisations systématiques. Elle n'est pas moins irrégulière dans son évolution. Elle apparaît tantôt en quelques jours, tantôt en quelques semaines. Les réflexes tendineux sont quelquefois abolis (Berbès, Rendu). Plus souvent, ils sont exagérés (Rendu, Bonnet).

Réflexes tendineux.

La forme paraplégique semble la plus ordinaire, mais elle est presque toujours combinée avec d'autres localisations multiples et plus ou moins disséminées. Vient ensuite, par ordre de fréquence, le type hémiplégique. Dans ce cas, comme dans l'intoxication par l'oxyde de carbone, l'hémiplégie affecte un ensemble de caractères qui rend inadmissible l'hypothèse d'une localisation cérébrale. L'impuissance motrice a beau être localisée à une moitié du corps, la prédominance de la paralysie dans certains groupes de muscles implique la participation pathogénique d'une altération des nerfs. La généralisation des paralysies doit être tout à fait exceptionnelle, car nous n'en avons vu relaté aucun exemple dans les monographies.

L'atrophie musculaire paraît ne pas devoir être non plus une complication fréquente. L'examen électrique cependant est de nature à faire croire qu'elle peut atteindre une certaine intensité. Huguin (1) formulait dès 1874 la règle suivante : « L'affection sera grave et difficile à guérir, quand on verra que les muscles paralysés ne se contractent pas

Atrophie musculaire.

(1) Thèse, Paris, 1874.

sous l'influence des courants induits, mais qu'ils se contractent sous un faible courant continu, moins fort que celui qui serait nécessaire pour faire contracter les muscles sains. »

Symptômes accessoires.

Enfin, ce qui domine beaucoup les troubles paralytiques de la périphérie, c'est l'assemblage des désordres cérébraux et des manifestations spinales. En effet, l'affaiblissement de l'intelligence, les vertiges, la perte de la mémoire, les troubles de la vue et de l'ouïe, l'anorexie, l'anaphrodisie, l'hyperesthésie généralisée et compliquée de fourmillements, de brûlures, etc., masquent le plus souvent l'impuissance musculaire, surtout localisée. Parmi les mille combinaisons de symptômes que peut réaliser l'intoxication par le sulfure de carbone, il en est qui simulent quelquefois le syndrome plus ou moins complexe du tabes. Le professeur Jaccoud (1) appelle l'attention sur cette éventualité. Il dit, à propos des désordres moteurs que produit cette intoxication : « Dans des cas mal interprétés, c'est de l'ataxie qui est produite et non de la paralysie ; ce sont des troubles de la coordination, qui empêchent la locomotion et rendent la préhension des objets hésitante et difficile. » Ici encore, il s'agit d'un pseudo-tabes ; et, c'est une analogie de plus, si éloignée soit-elle, que la paralysie par le sulfure de carbone présente avec les autres paralysies toxiques.

Pseudo-tabes.

Nous n'avons rien à dire de l'anatomie pathologique, qui est tout entière à faire.

Paralysies par l'oxyde de carbone

Il faut maintenant dire quelques mots de certaines névropathies toxiques, où l'impuissance musculaire est pres-

(1) Path. int., 1877.

que toujours associée à un grand nombre d'autres symptômes, parmi lesquels les troubles de l'intelligence ont une importance prépondérante. L'empoisonnement par la vapeur de charbon produit souvent ce résultat. Mais comme il existe un petit nombre d'observations, où les paralysies sont assez limitées et indépendantes, cela suffit pour motiver l'exposé sommaire qu'on va lire.

Nous passerons sans nous y arrêter sur les accidents de la période aiguë, si bien étudiés par Bourdon (1), Faure (2), Leudet (3), Laroche (4), etc. ; et nous supposerons que le sujet intoxiqué commence à sortir du coma. Dès qu'il a recouvré l'usage de la parole, il se plaint d'un violent mal de tête, et il accuse une insensibilité *absolue* des quatre membres. Quelques parties circonscrites du tégument sont douloureuses ; et l'on remarque un empâtement œdémateux, et quelquefois même une rougeur vive, comme si un phlegmon allait s'y développer.

Localisations principales de la paralysie.

A peine la convalescence est-elle ébauchée qu'on s'aperçoit que l'une des deux jambes a perdu la faculté de se mouvoir. L'autre jambe se prend ensuite, puis l'un des membres supérieurs, et enfin l'autre ; si bien qu'en peu de jours, le malade est paralysé des quatre membres. Tous les muscles néanmoins n'ont pas perdu leur contractilité. Ici encore, la perte du mouvement apparaît d'abord aux membres inférieurs dans les muscles péroniers et dans les extenseurs des orteils, puis dans les muscles fléchisseurs des mêmes membres. Ce n'est que plus tard que la paralysie des muscles anti-brachiaux se révèle, suivie de celle des interosseux. Les muscles de la cuisse et du bras sont respectés en général, quelquefois aussi le supinateur. L'atti-

(1) Thèse, 1843.
(2) *Compt. rend. Ac. sc.*, 1876.
(3) *Arch. gén. de méd.*, 1865.
(4) Thèse, Paris, 1865.

tude du membre doit présenter alors, et présente en effet, une analogie tout à fait frappante avec celle de la paralysie saturnine. Nous en trouvons la preuve dans une très intéressante observation de Rendu (1), relative à un cas de paralysie à forme hémiplégique, par oxyde de carbone : « La main est en flexion complète, avec impossibilité de la redresser. Vient-on à relever le poignet et à le placer dans sa situation normale, le malade ne peut pas relever les phalanges, ce qui prouve que les extenseurs communs des doigts et les extenseurs propres du pouce et de l'index sont frappés d'inertie. Les mouvements de latéralité du poignet ne sont pas davantage possibles (paralysie du cubital postérieur)... Les interosseux de la main sont inertes, car, en plaçant la main sur une surface plane, le mouvement d'écartement et de rapprochement des phalanges, par rapport à l'axe du médius, n'est pas possible, non plus que le redressement séparé de la phalangine et de la phalangette. »

Réflexes tendineux.

Par une exception assez difficile à comprendre, les réflexes tendineux peuvent être exagérés, et la sensibilité réflexe diminuée. A ce double point de vue, les paralysies de l'oxyde de carbone diffèrent du type général.

Si la paralysie des quatre membres, avec prédominance dans les extenseurs, est une forme commune, elle est loin de constituer une règle absolue. Laroche prétend que la localisation hémiplégique s'observe dans près de la moitié des cas. Elle est alors tantôt primitive, tantôt secondaire. Elle était primitive dans le cas de Rendu ; et, quoiqu'elle s'étendît à la face, où l'orbiculaire palpébral lui-même était atteint, elle témoignait encore de son origine toxique et de sa nature périphérique, par ce fait qu'elle avait épargné la racine des membres et respecté le long supinateur. Nous entendons, par localisation hémiplégique secondaire, celle

(1) Soc. méd. hôp., 1882.

qui succède à une paralysie des quatre membres, comme dans un cas rapporté par Comby (1).

La généralisation rapide de ces paralysies est rare. Elle a été observée par Leudet, qui en rapporte une observation remarquable. La fièvre s'était déclarée tout d'un coup, et le malade avait succombé comme à une sorte de myélite aiguë. Parmi les localisations anormales, outre la paralysie faciale, signalons pour mémoire les parésies cervicales et les paralysies des muscles moteurs de l'œil (Knapp) (2).

Atrophie musculaire.

L'atrophie musculaire est une complication rare; elle ne frappe que les muscles paralysés, et, en général, à une époque tardive. Elle semble d'ailleurs peu rebelle au traitement.

Réactions électriques.

La recherche des réactions électriques n'a pas été faite avec la minutie qu'on apporte aujourd'hui à ce genre d'exploration. Toutefois M. Rendu a constaté l'abolition complète de la contractilité faradique dans les muscles du pied et sa diminution dans ceux de l'avant-bras. Il n'est pas indifférent de remarquer que les muscles péroniers sont les derniers à recouvrer leur pouvoir contractile, et, comme nous avons vu que la perte de leur fonction était la première à se manifester, on est autorisé à les considérer comme les muscles les plus susceptibles à l'influence de l'oxyde de carbone.

Troubles trophiques.

Des troubles trophiques assez nombreux accompagnent ces paralysies. Nous avons déjà signalé la formation de plaques œdémateuses sur le trajet des nerfs paralysés; il est vraisemblable que ce processus, un peu spécial, relève d'une névrite; quelques névrites expérimentales produisent des effets analogues. Arnozan et Dallidet (3) ont observé des formations d'escharres. Leudet a vu des éruptions her-

(1) *France méd.*, 1882.
(2) *Arch. f. Augenheilk*, 1880.
(3) *Journ. de méd. de Bordeaux*, 1883-84, p. 36.

pétiques, analogues au zona, se former sur le trajet de plusieurs nerfs. Enfin, nous trouvons dans l'observation de Rendu un bel exemple de « *glossy-skin,* » avec incurvation et striation des ongles de la main paralysée. Le même auteur signale la moiteur permanente des surfaces palmaires et plantaires.

Troubles de la sensibilité.

Les troubles de la sensibilité ne présentent dans les paralysies en question ni la même variété, ni la même importance que dans les paralysies alcooliques ou arsénicales. L'anesthésie l'emporte, en effet, par sa fréquence, sur toutes les perversions sensitives ou sensorielles. Nous avons dit qu'elle pouvait être absolue aux mains et aux pieds; en tous cas, elle est limitée aux parties paralysées. Les sensations de chaud et de froid sont peut-être les seules que le malade puisse encore percevoir. Quant aux fourmillements et à l'engourdissement, si constants dans la plupart des autres intoxications, on ne les observe ici que dans des cas exceptionnels et presque toujours aux approches de la convalescence.

Les paralysies par l'oxyde de carbone peuvent durer longtemps, des semaines et des mois ; mais elles ne sont en quelque sorte qu'un épiphénomène de l'intoxication nerveuse totale; les troubles de l'intelligence, ainsi que l'anesthésie générale ou partielle, lui survivent toujours ; et il faut considérer comme tout à fait rares les observations comme celle de Rendu, où l'impuissance motrice localisée réalise tous les caractères pathognomoniques des névrites toxiques.

Anatomie pathologique.

La confirmation par l'anatomie pathologique de la nature périphérique des paralysies oxy-carboniques, fait encore défaut. Dans quelques rares autopsies, on a constaté de la congestion, parfois de la rougeur et du ramollissement des nerfs. C'est à ces signes que Leudet a reconnu une névrite sciatique sur le premier sujet dont il fit l'autopsie. Quant aux lésions des centres nerveux, elles sont si indifférentes, qu'on ne peut leur attribuer aucun rôle pathogénique certain.

Un dernier mot sur le pronostic. Si l'empoisonnement par la vapeur de charbon produit des accidents très graves, souvent mortels, les troubles paralytiques n'y sont pour rien. C'est tout au plus si l'on pourrait admettre une exception à l'égard de ce cas de paralysie généralisée, où l'apparition d'une fièvre intense vint hâter le dénouement; mais, en règle générale, quand le malade a survécu à la période asphyxique, les troubles de la motilité sont presque toujours destinés à disparaître. Ce pronostic est encore conforme à celui des autres paralysies toxiques.

Paralysies saturnines

Par un certain nombre de caractères, les paralysies saturnines s'écartent des autres paralysies toxiques. Leur localisation sur quelques groupes de muscles, plus encore, l'immunité réservée à d'autres muscles, les ont fait considérer comme une espèce à part. On peut même dire que si elles ont été mieux connues que les autres, c'est en grande partie grâce à cette originalité de leur distribution. L'étude qu'on en a faite depuis une époque déjà éloignée jusqu'aux travaux si remarquables à tous égards de Tanquerel (1) et de Duchenne (2) avait donc pour principal intérêt la localisation encore énigmatique de la paralysie au département musculaire innervé par le radial, le long supinateur excepté. Dans toutes les paralysies toxiques, nous avons remarqué la fixité de certaines localisations. Ici, il ne s'agirait plus, selon quelques auteurs, d'une plus grande fréquence relative, mais

Fixité de la localisation.

(1) *Traité des maladies de plomb*, 1839.
(2) *Électrisation localisée.*

d'une constance presque absolue, en quelque sorte d'une localisation spécifique, ayant une valeur mathématique au point de vue du diagnostic de la cause. A la vérité, les paralysies saturnines se présentent presque toujours avec des caractères assez spéciaux pour faciliter le diagnostic causal; mais on aurait tort, comme nous le verrons plus loin, de les séparer des autres, sous prétexte que l'invariabilité de leur siège cadre mal avec la répartition plus capricieuse des paralysies alcoolique, arsénicale, etc.

Absence ou rareté des troubles de la sensibilité.

Il est encore une différence — et celle-là est peut-être la plus importante, — qui semble séparer la paralysie saturnine des précédentes. Elle ne se complique pas de troubles de la sensibilité, à condition toutefois que les complications encéphalopathiques n'y soient pour rien. Ici, nous aurions encore beaucoup de restrictions à faire. Sous ce rapport, en effet, nous avons rencontré des anomalies si nombreuses et si flagrantes que la règle générale énoncée par la plupart des auteurs nous paraît avoir été prise par trop au pied de la lettre. Oui, la paralysie saturnine présente des particularités tout à fait singulières, et que nous n'expliquerons pas; mais elle offre aussi le plus grand nombre des attributs, qui nous ont servi à grouper la plupart des paralysies toxiques, au double point de vue de leur nature périphérique et de leurs manifestations cliniques. On ne s'est attaché jusqu'à ce jour qu'à faire ressortir les caractères spéciaux et pathognomoniques des paralysies saturnines; mais on a poussé trop loin l'analyse, et il nous semble que leurs signes différentiels ont été exagérés. Nous allons, à notre tour, mettre en relief ce qu'elles ont de banal, et les ramener à la règle générale.

Paralysie des extenseurs de l'avant-bras.

La forme de paralysie saturnine, qu'on peut dire classique, se limite presque toujours aux muscles extenseurs de l'avant-bras. Elle est si fréquente, et les descriptions qu'on en a faites depuis de Haen sont si complètes et si exactes, que nous nous bornerons à en rappeler les traits principaux. C'est dans les extenseurs communs des doigts, et tout d'abord dans les extenseurs du médius et de l'annulaire, que l'impotence se manifeste. A une parésie légère succède une paralysie franche, puis une atrophie d'intensité très variable. Il en résulte l'attitude bien connue de la main pendante, en demi-pronation, et à angle droit avec l'avant-bras. Selon le degré de la paralysie, la faculté de relever la main est tantôt diminuée, tantôt abolie; par suite de la paralysie du muscle cubital postérieur, le bord interne du carpe est déjeté en dedans. L'extension passive des antagonistes diminue la force des fléchisseurs; la poignée de main est faible. Dans les formes légères, tout se borne là, et même l'impuissance motrice peut être limitée aux deux doigts du milieu, tandis que le deuxième et le cinquième doigts se relèvent encore (le malade fait les cornes). Après la paralysie du deuxième et du cinquième doigt, apparaît celle des extenseurs propres de l'index, du petit doigt et du pouce. Le court extenseur est pris le dernier. Finalement, tous les muscles innervés par le radial sont paralysés, à l'exception des deux supinateurs et de l'anconé, et quelquefois du long abducteur du pouce.

Cette paralysie, bilatérale dans la moitié des cas, est plus prononcée à droite chez les droitiers, à gauche chez les gauchers. Elle peut se déclarer tout à coup, en quelques heures, ou s'installer lentement en plusieurs semaines ou plusieurs mois. Elle peut ne durer que quelques jours; elle dure quelquefois plus d'une année. Rarement elle est incurable. Elle se complique d'atrophie, quand elle remonte à plusieurs semaines (nous reviendrons sur ce point); mais elle ne comporte pas les troubles sensitifs multiples que nous avons vus accompagner les autres paralysies toxiques. Telle est la forme la plus ordinaire de la paralysie saturnine.

Paralysie brachiale supérieure.

Voyons maintenant les formes moins communes. Dans les cas à début brusque, la paralysie des extenseurs antibrachiaux s'étend aux groupes musculaires voisins. C'est d'abord le deltoïde et le triceps, puis le biceps et le brachial antérieur. Remak (1) appelle cette forme de paralysie saturnine « forme brachiale ou supérieure ». On l'a vue primitive et isolée, c'est-à-dire indépendante de la paralysie radiale; mais elle est loin d'avoir la constance de localisation, qui caractérise la forme classique antibrachiale. Ainsi Oppenheim (2) signale une paralysie saturnine du deltoïde, des deux éminences thénar et hypothénar, des muscles extenseurs des membres inférieurs, enfin du long supinateur.

Paralysie des membres inférieurs.

Aux membres inférieurs, la paralysie se montre, selon Tanquerel, dans la proportion approximative de vingt pour cent. Sur un chiffre de dix-sept cas, il l'a observée cinq fois limitée à ces membres. Là, elles sont passagères, surtout celles du psoas iliaque, et aussi, celles du triceps crural, à l'inverse de ce que nous avons observé chez les alcooliques. Leur localisation la plus fixe est celle des muscles péroniers latéraux et des extenseurs des orteils. Il s'ensuit une attitude du pied, qui rappelle l'attitude de la main paralysée; c'est l'attitude du pied-bot varus équin. Quelques-unes de ces paralysies sont sérieuses, puisqu'elles peuvent s'étendre à la totalité des muscles de la jambe et de la cuisse, et ne guérir qu'après six mois d'électrisation. Il est peut-être inexact de dire que tous les muscles sont paralysés. Le tibial antérieur (homologue du long supinateur) serait épargné presque toujours. Pourtant, ainsi que le long supinateur, il serait quelquefois paralysé en même temps qu'un autre groupe musculaire épargné d'ordinaire, celui des muscles postérieurs de la cuisse et du mollet. Quelles que

Réflexes tendineux.

(1) *Real Encycl. der gesammt. Heilk.* 2e édit., 1885.
(2) *Arch. f. Psych.*, 1885, p. 476.

soient les localisations paralytiques du membre inférieur, le réflexe patellaire est presque toujours aboli.

Localisations anormales.

Maintenant, passons en revue les paralysies à localisations anormales. Elles sont aussi variées que fréquentes. La plus remarquable est la paralysie du long supinateur, qui survient dans les cas graves à extension rapide. Duchenne, Remak en ont signalé chacun plusieurs exemples. Gaucher (1) en a publié deux cas intéressants et a bien fait remarquer que l'importance fonctionnelle ne gagnait le muscle qu'après tous les autres, et qu'elle l'abandonnait le premier. Dans un de ces cas, les fléchisseurs antibrachiaux étaient indemnes. Cela est d'une grande importance, puisqu'il en ressort que la paralysie saturnine grave et à marche progressive peut, à un moment donné, respecter ou frapper tous les groupes musculaires sans exception. D'autres fois, la paralysie se limite à un ou deux faisceaux d'extenseurs; ou bien elle réalise le type d'une hémiplégie complète, y compris la paralysie faciale et la paralysie palpébrale. Il faut, en pareille occurrence, savoir faire la part de l'encéphalopathie, — laquelle se manifeste presque toujours par quelques symptômes accessoires, tels que l'hémianesthésie générale et sensorielle, l'éclampsie, le délire, etc. Dans la forme hémiplégique, il est remarquable que la paralysie des extenseurs est toujours plus prononcée que celle de tous les autres muscles, et, ici encore, le supinateur est le plus souvent respecté. D'autres fois, c'est une paralysie des muscles du larynx, et aussi bien des crico-thyroïdiens que des thyro-arythénoïdiens. Tanquerel a signalé l'aphonie saturnine 16 fois sur 46 cas. Ou bien, ce sont les muscles des masses sacro-lombaires, ou les muscles cervicaux; bref tous les muscles volontaires, qui perdent leur pouvoir contractile, sauf les muscles innervés par les nerfs crâniens

(1) *France médicale*, 1882, p. 244.

(s'il faut en croire l'affirmation de Remak). Or, nous savons plusieurs observations, qui contredisent encore cette règle générale. On a signalé, par exemple, des paralysies oculaires (1). La paralysie faciale même, identique à la paralysie *a frigore,* aurait été constatée (2).

Ainsi la paralysie saturnine pourrait affecter *tous* les muscles volontaires avec une moindre fréquence, mais avec la même intensité, que les autres paralysies toxiques. Comme dans ces dernières, les muscles de la face sont encore ceux qui semblent jouir de l'immunité la plus grande.

Paralysies généralisées.

En opposition avec les localisations anormales et limitées, il faut mentionner les cas où l'impotence musculaire s'étend à la totalité de l'appareil moteur volontaire et même au diaphragme, qui ne relève qu'en partie de l'innervation cérébrale (3). Déjà, nous avons vu que la paralysie radiale pouvait s'étendre à la sphère des nerfs cubital et circonflexe, puis se compliquer d'une paralysie similaire des extenseurs de la jambe. Il y a des cas où la généralisation est encore plus complète et s'accompagne d'un mouvement fébrile intense. Les quatre membres ont perdu toute contractilité. Les muscles du dos eux-mêmes, ceux de la nuque, ceux des parois abdominales, enfin le diaphragme et les muscles du larynx se paralysent les uns après les autres, quelquefois tous ensemble et, en tout cas, dans un laps de temps qui ne dépasse pas quelques jours. Duchenne (4), Renaut (5), Lépine (6), Heugas (7), ont rap-

(1) Joffroy, Parinaud, Letulle (Communic. orale).

(2) Potain, *Gaz. hôp.*, 1881.

(3) L'accélération du pouls, dans cet ordre de faits, semble indiquer une altération du pneumogastrique déjà mentionnée à l'occasion des paralysies alcooliques.

(4) *Loc. cit.*

(5) *Gaz. méd.*, 1878, p. 394.

(6) *Lyon médical*, 1883, p. 383.

(7) *Paralysie saturnine généralisée.* Th. Paris, 1877.

porté des observations de ce genre. Il est rare que tous les muscles du corps perdent au même degré leur excitabilité. Quelques-uns, entre autres les supinateurs, les interosseux, la conservent en partie ou la récupèrent assez vite. Il n'en est pas moins vrai qu'il s'agit encore là d'une forme de paralysie toxique généralisée, comparable à celle que nous avons signalée dans les empoisonnements alcoolique, arsénical ou oxycarbonique.

Atrophie musculaire.

Quel que soit le mode d'envahissement des muscles, et le degré de leur impuissance, on voit presque toujours l'atrophie les envahir, sauf quand la perte de la fonction n'a duré qu'une semaine. Cette atrophie est donc presque contemporaine de la paralysie. Elle est le plus souvent partielle, en ce sens qu'elle ne frappe que les muscles paralysés, et que, dans ces muscles, elle respecte un certain nombre de faisceaux. Elle est donc plus commune à l'avant-bras que partout ailleurs, et c'est là qu'elle atteint son maximum d'intensité. Les masses charnues ayant en partie disparu, les deux os de l'avant-bras font saillie sous les téguments, et les tendons semblent se continuer avec les tissus aponévrotique ou périostique. Dans cette région, l'atrophie rappelle celle de la poliomyélite. Elle est d'autant plus évidente que le muscle long supinateur garde quelquefois son relief et ses dimensions. Il arrive cependant que l'atrophie frappe des muscles qui semblent avoir échappé à la phase paralytique. Tel est le cas des éminences palmaires et des muscles adducteurs de la cuisse. Alors l'impotence motrice est en raison directe du degré de l'atrophie. Un dernier caractère distinctif de l'atrophie saturnine est qu'elle survient sans contractions fibrillaires.

Elle est rare aux membres inférieurs; Romberg ne l'a constatée qu'une fois sur six cas, mais elle y produit des déformations plus prononcées qu'aux membres supérieurs. Les muscles qu'elle envahit les premiers étant les extenseurs et les péroniers latéraux, le pied prend l'attitude bien connue de l'équinisme paralytique.

Réactions électriques des muscles paralysés.

La contractilité des muscles dans le saturnisme a, depuis une trentaine d'années, fait l'objet d'une remarquable étude électro-diagnostique. Presque tout le mérite en revient à Duchenne. La découverte de la réaction de dégénérescence a permis de poursuivre encore plus loin l'analyse de ce signe. Mais l'essentiel pour nous est de retenir que les réactions électriques signalées par Duchenne sont caractéristiques d'une névrite périphérique. Le plus souvent, la contractilité faradique disparaît avant que l'atrophie n'apparaisse. L'excitation directe intramusculaire et l'action nerveuse ou indirecte ne produisent plus rien au bout de six à huit jours dans les formes intenses. Aussi, la moindre ébauche de contraction est-elle la meilleure garantie de curabilité. Tel est le cas ordinaire de la persistance de l'excitabilité faradique au deltoïde. Si, au contraire, la contractilité est anéantie, cela est un signe que l'impotence musculaire ne durera pas moins de quatre ou cinq mois.

L'excitation galvanique des nerfs produit la réaction normale, mais l'excitation galvanique du muscle provoque une contraction plus énergique. Les excitations mécaniques ont le même résultat. Cette notion très générale, mais d'une exactitude rigoureuse, nous a été léguée par Duchenne; elle est pathognomonique d'une dégénération du muscle.

Il ne faudrait pourtant pas croire que la contraction produite par l'excitation galvanique, soit *toujours* plus forte dans le muscle paralysé que dans le muscle sain. Ce qui caractérise au point de vue électrique la réaction de dégénérescence, c'est surtout ce fait que la contraction est plus lente et d'autant plus forte que l'électrode est plus près du tendon. Nous avons déjà signalé le même fait à propos de l'électro-diagnostic des névrites périphériques en général.

L'ordre dans lequel s'accomplit la disparition de la contraction faradique dans les muscles rappelle en tous points l'ordre d'apparition de la paralysie. Elle commence donc par l'extenseur commun des doigts, puis par les extenseurs propres de l'index et du petit doigt. Viennent ensuite le long extenseur du pouce, les deux radiaux (ensemble ou l'un après l'autre selon les cas), le cubital postérieur, le long abducteur, le court extenseur, etc. Les muscles thénar et hypothénar n'étant paralysés que peu souvent, leur atrophie et la perte de leur contractilité électrique sont rares. Il en serait de même, et peut-être avec une constance plus grande, pour les muscles antérieurs de l'avant-bras et les interosseux palmaires. Dans le type supérieur de la paralysie saturnine, les supinateurs et l'anconé, le trapèze et le faisceau claviculaire du muscle pectoral conserveraient presque toujours leur excitabilité faradique. Peut-être convient-il de faire encore quelques réserves à cet égard. On trouve, en effet, dans un assez grand nombre d'observations, l'indication de la réaction de dégénérescence dans les muscles non amaigris et conservant encore leur volume et leur consistance normale. Enfin, aux approches de la convalescence, la contractilité volontaire réapparaît avant la contractilité électrique. Voilà une règle générale énoncée par Duchenne et qui ne souffre pas d'exception.

Troubles de la sensibilité.

Nous avons dit que les paralysies saturnines avaient été classées à part, sous prétexte qu'elles ne sont que motrices et jamais sensitivo-sensorielles. Il est certain que l'immense majorité des observateurs ont signalé la persistance de la sensibilité électro-cutanée. Mais si la sensibilité proprement dite est conservée, il n'en est pas moins vrai que les réflexes tendineux sont abolis de très bonne heure. Cette suppression des réflexes dépend-elle d'une paralysie des nerfs musculaires centripètes ou des nerfs musculaires centrifuges? Nous ne résoudrons pas la question. Mais il existe encore dans le saturnisme à forme paralytique des troubles variés de la sensibilité, et très analogues à ceux qui accompagnent les autres paralysies toxiques. On sait d'abord que beaucoup d'ouvriers « saturnins », mais non paralytiques, sont sujets à une anesthésie fixe ou transitoire, généralisée ou circonscrite. Il est permis, en pareil cas, d'incriminer une encéphalopathie passagère. D'autre fois, la même anesthésie se complique d'une paralysie radiale, mais, comme les deux symptômes n'ont pas la même localisation, il faut encore admettre l'indépendance de la cause paralysante et de la cause anesthésiante. Enfin, nous voyons signalés dans un grand nombre d'observations des troubles de la sensibilité, limités avec une rigoureuse exactitude au même territoire nerveux que la paralysie motrice. Il est vrai que la paralysie n'affecte pas alors sa localisation classique. En effet, c'est dans les membres inférieurs que les fourmillements, l'engourdissement et même l'anesthésie cutanée dans les paralysies des membres inférieurs, sont le plus intenses. Ces sensations deviennent quelquefois très pénibles et vont jusqu'à la douleur. Elles sont accompagnées aussi de crampes dans les mollets et dans les cuisses, et, ainsi que dans la paralysie alcoolique, la malaxation des masses charnues, même pratiquée avec douceur, est insupportable. Enfin nous avons relevé des cas dans lesquels la pulpe digitale ou la paume des mains avaient perdu toute sensibilité. Il arrive souvent que la paralysie motrice soit bornée à la moitié externe de l'avant-bras et de la main; alors l'anesthésie n'occupe que la moitié externe de la paume et des doigts. Une autre fois, c'est une hyperesthésie, qui suit le trajet du nerf paralysé. Nous pourrions multiplier ces exemples, et nous n'aurions que l'embarras du choix.

Synovite tendineuse.

Nous arrivons maintenant à une petite complication,

qu'on a considérée quelque temps comme pathognomonique de l'intoxication saturnine, et qui ne va guère sans la paralysie. Gubler, le premier, l'a étudiée avec soin, et lui a donné le nom de *tumeur dorsale du carpe* (1). Cette prétendue tumeur n'est autre chose qu'un gonflement fusiforme des gaines des extenseurs, occasionné sans doute par une infiltration œdémateuse ou subinflammatoire des parois de ces gaines. En tant que lésion, cette tuméfaction n'a pas de meilleure désignation que celle de *ténosite hypertrophique*. La pathogénie en est obscure. Gubler pensait que la traction permanente des extenseurs par leurs antagonistes, déterminait une irritation de la synoviale péri-tendineuse, analogue à une hydarthrose subaiguë. La très grande fréquence de cette synovite chez les saturnins paralysés fit soupçonner aussi l'influence directe du plomb. Mais on ne tarda pas à s'apercevoir que dans certaines paralysies d'origine cérébrale ou spinale, indépendantes du saturnisme, une tuméfaction carpienne, très analogue ou presque identique à la précédente, pouvait apparaître. Aujourd'hui, on tend à considérer la tumeur dorsale du carpe comme une inflammation légère des gaines, à la production de laquelle la névrite n'est peut-être pas étrangère. Nous savons d'ailleurs que l'alcoolisme est capable de réaliser un phénomène semblable.

Pseudo-tabes saturnin.

Pour en finir avec les symptômes communs aux paralysies saturnines et aux autres paralysies toxiques, signalons cette combinaison de troubles sensitivo-moteurs, qui simule le tabes ataxique. On trouve dans la thèse de M. Leval-Picquechef deux observations de pseudo-tabes saturnin. Mais l'affaiblissement progressif des forces qu'elles mentionnent ne saurait être mis sur le compte de paralysies vraies. Ces observations nous semblent donc sor-

(1) *Soc. méd. hôp.*, 1868.

tir de notre sujet, et comme le pseudo-tabes, qui en fait le seul intérêt, ne relève pas d'une impotence fonctionnelle limitée à certains groupes musculaires, nous n'en parlerons pas davantage.

Il va sans dire que, dans la paralysie saturnine, les désordres génito-urinaires sont encore plus rares que dans toutes les autres paralysies toxiques.

Anatomie pathologique.

Nous arrivons à la question la plus discutée. Les lésions de la paralysie saturnine sont-elles centrales ou périphériques? Sont-elles à la fois centrales et périphériques? Les autopsies sont nombreuses; si les paralysies saturnines n'aboutissent guère à des accidents mortels, l'encéphalopathie, qui accompagne quelquefois les paralysies limitées, peut avoir une terminaison fatale. Il ne nous serait permis ici de tenir compte que des cas dans lesquels la mort est survenue, soit par le fait du saturnisme cérébral, soit par le fait d'une maladie intercurrente et indépendante de la paralysie; et même il eût été préférable de ne retenir que les cas de paralysie radiale classique. Mais la rareté de ces derniers nous oblige à prendre en considération l'ensemble des faits. Tout d'abord, on a signalé des lésions cérébrales (ramollissements, hémorragies superficielles ou interstitielles) qui n'ont rien à voir avec nos paralysies. Gueneau de Mussy et Lemaire ont constaté l'existence d'un grand épanchement dans le ventricule gauche d'un homme qui avait succombé au cours d'une paralysie radiale. Von Monakow (1), dans un cas semblable, a signalé une pachyméningite externe et une atrophie des circonvolutions cérébrales antérieures. Oppenheim (2) a vu un foyer hémorragique dans un hémisphère, combiné avec une lésion assez vague de la moelle cervicale. Friedländer (3) parle de

Lésions centrales.

(1) *Arch. f. Psych.*, 1880.
(2) *Loc. cit.*
(3) *Virchow's Archiv.*, 1879, LXXV, p. 24.

mollesse de la moelle dans la même région. Œller (1) y a remarqué des ramollissements vacuolaires et des apoplexies capillaires depuis la sixième jusqu'à la huitième paire nerveuse.

Outre ces lésions grossières, il en existe d'autres, plus délicates sans doute, mais plus capables d'expliquer la localisation paralytique : il s'agit de l'altération microscopique des grandes cellules motrices de la moelle, en particulier de celles qui occupent le renflement cervical, où le nerf radial prend son origine. Une des observations les plus anciennes est celle de Vulpian (2), qui signale un état colloïde de ces cellules, sans y attacher toutefois une grande importance. Oppenheim a noté une lésion analogue. Œller dit avoir vu, en même temps qu'une atrophie des cornes antérieures, une dégénération dans les tubes nerveux. Birdsall (3) recherchant dans l'état des cellules motrices ce que ses prédécesseurs avaient observé et décrit, convient « qu'il est difficile de conclure si on a sous les yeux quelque chose de normal ou non ». Duplaix et Lejars (4) ne trouvent pas de modifications cellulaires, mais de simples lésions vasculaires. Enfin beaucoup de cas, et des mieux observés, ont été négatifs à tous égards. Qu'il nous suffise de rappeler les observations de Lancereaux Charcot et Gombault (5), Bernhardt et Westphal (6), Friedländer (7), Moritz (8), Eisenlohr (9), Dreschfeld (10), Duplaix (11), etc. C'est en présence d'un de

(1) *Deutsch. med. Woch.*, 1883, p. 88.
(2) *Maladies du syst. nerv.*, p. 158.
(3) *Amer. journ. of neurol. and psych.*, N.-Y., 1882, I, 176.
(4) *Arch. gén. méd.*, novembre 1883.
(5) *Loc. cit.*
(6) *Arch. phys.*, 1873, p. 8
(7) *Loc. cit.*
(8) *Journ. of anat. and phys.*, 1880-81, p. 78.
(9) *Arch. f. Psych.*. 1878, 1879, 1880.
(10) *Loc. cit.*
(11) *Loc. cit.*

ces cas négatifs, que M. Charcot affirmait, il y a déjà assez longtemps, l'absence complète d'analogie de la paralysie atrophique saturnine et de l'amyotrophie spinale.

Donc, l'existence ou l'absence de lésions encéphaliques ou spinales, visibles à l'œil nu, ou microscopiques, ne prouve rien. C'est ailleurs que dans le névraxe qu'il faut chercher la cause de la paralysie radiale ; et, comme cette paralysie est la plupart du temps bilatérale, la logique commande d'étudier d'abord les organes les plus voisins du névraxe, c'est-à-dire les racines.

Lésions des racines.

En 1874, M. Vulpian signala pour la première fois une névrite interstitielle et parenchymateuse des racines cervicales antérieures chez un paralytique saturnin. Quatre ans plus tard, Déjerine communiqua à la Société de biologie 5 autopsies, dont 3 sans névrite radiculaire et deux avec névrite. L'altération microscopique « était analogue à celle qu'on observe dans le bout périphérique d'un nerf sectionné ». Mais bientôt, aux trois cas négatifs de Déjerine s'en ajoutaient beaucoup d'autres (Zunker (1), Birdsall, Oppenheim, Friedländer). Dans le cas de Friedländer les racines antérieures étaient saines et quelques fibres dégénérées occupaient les racines postérieures.

Lésions périphériques.

Il ne restait plus qu'à chercher la lésion dans le système périphérique. Déjà Tanquerel avait fait pressentir qu'elle ne pouvait résider ailleurs. A l'heure présente, il est évident pour tous que des névrites existent dans les paralysies saturnines. Mais il est encore douteux pour quelques-uns que ces névrites soient primitives et ne résultent pas d'une altération spinale encore indéterminée, en tout cas invisible et qui commande la bilatéralité du symptôme. Peu importe pour le moment la théorie, et voyons en quoi consiste la névrite saturnine.

(1) *Zetschft. f. klin. Med.*, 1879-80, 496.

Névrite.

Tout d'abord, elle est visible à l'œil nu pour qui sait la chercher. Elle est surtout intra-musculaire, ainsi qu'il résulte des observations de Lancereaux, Charcot et Gombault, Westphal, Mayor (1), etc. Elle n'occupe pas la totalité du nerf malade, mais des tronçons isolés, d'autant plus faciles à distinguer des parties saines, que leur volume est plus réduit, et leur coloration plus grise. Ces tronçons de névrite peuvent occuper aussi bien les branches principales d'un nerf que ses ramifications ultimes : le nerf radial, par exemple, dans la gouttière de torsion de l'humérus, entre le supinateur et le brachial antérieur, est quelquefois gris, terne et atrophié.

Quant aux altérations microscopiques, elles sont plus évidentes encore, mais plus difficiles à déterminer. En effet, si leur caractéristique apparente est la dégénération wallérienne, il est bien vraisemblable que cette dégénération ne constitue pas le point de départ du processus; elle en est plutôt la terminaison. Pour quelques auteurs, Mayor, Déjerine, etc., la névrite dite parenchymateuse serait toujours la dégénération centrifuge. D'autres, au contraire, tout en signalant la prépondérance des lésions wallériennes, prennent bien soin de mentionner certaines particularités histologiques, qui s'accordent mal avec l'hypothèse d'une pure et simple dégénération descendante, identique à celle qui résulterait de la section d'un nerf.

Quiconque a vu sous le microscope les lésions de la névrite saturnine, a été frappé du grand nombre de tubes nerveux restés sains dans les nerfs les plus malades. Mais, parmi les tubes malades, il en est qu'on ne peut guère considérer comme condamnés à une dégénération complète et fatale. Westphal est le premier qui ait vu et décrit chez l'homme des tubes de petit calibre, enveloppés dans une

(1) *Soc. biol.*, 1877, p. 213.

gaine, au milieu d'autres tubes sains ou dégénérés. « Beaucoup d'entre eux ont un contour foncé et rappellent les fibres sympathiques. » Aussi Westphal pense-t-il que ces éléments représentent des tubes en voie de régénération (1). Eisenlohr (2) a remarqué aussi dans les gros troncs nerveux malades beaucoup de fibres nerveuses minces. Von Monakow (3) dit que le cylindraxe est *souvent libre* ou *contenu dans une substance conjonctive riche en noyaux*, et il ajoute que plus les tronçons nerveux sont voisins du centre spinal, moins les altérations sont prononcées. Enfin, Moritz qui a étudié surtout des dissociations après emploi d'acide osmique (ce qui est la dernière et la meilleure méthode), a trouvé le névrilemme très épaissi ; il a remarqué dans les nerfs malades des cylindraxes très nets à côté d'autres obscurs. Enfin, il a constaté que les *intervalles des segments interannulaires au niveau des étranglements sont plus larges que dans l'état normal.* Ces dernières constatations, sur lesquelles nous allons revenir, sont d'une très grande importance, puisqu'elles nous révèlent un ensemble d'altérations des tubes nerveux, qui ne sont pas le fait ordinaire de la dégénération wallérienne. Elles ont même, à nos yeux, d'autant plus de valeur, qu'elles correspondent, à beaucoup d'égards, à celles qu'a faites Gombault dans son étude de la névrite segmentaire périaxile (4). Le processus en question est bien celui d'une inflammation véritable ou mieux d'une irritation. En tout cas, il explique la curabilité et la dissémination des paralysies, beaucoup mieux que la dégénération wallérienne. Mais ces considérations trouveront mieux leur place dans le chapitre suivant.

Il est rare que les paralysies saturnines ne soient pas

(1) *Arch. f. Psych.*, 1874, p. 776.
(2) *Loc. cit.*
(3) *Loc. cit.*
(4) *Arch. de neurol.*, t. I, nº 1.

Troubles généraux du saturnisme.

précédées par quelque autre phénomène d'intoxication. Presque toujours, le malade a eu des « coliques de plomb », mais il y a des exceptions à cette règle générale, et la paralysie peut être l'unique symptôme de l'empoisonnement. Dans ce cas, elle est presque toujours très limitée. C'est une paralysie radiale qui n'intéresse qu'une partie des ramifications terminales du nerf; et, par une singularité qui a dès longtemps frappé les observateurs, le département musculaire paralysé est celui qui correspond à la surface de la peau en contact avec le plomb. Tel est le fait de cet ouvrier qui bouchait des bouteilles avec des capsules métalliques, en appuyant sur le goulot avec la partie externe de la paume de la main, et chez qui se développa une paralysie limitée à la portion externe du radial. Tel est encore le cas de ce promeneur, atteint d'une paralysie radiale unilatérale, qu'on ne peut attribuer qu'à une intoxication locale produite par le pommeau de plomb de sa canne. Il faut tenir compte, bien entendu, des idiosyncrasies et des résistances individuelles. Mais il est remarquable que cette résistance finit toujours, à un moment donné, par céder. De vieux ouvriers, adonnés au maniement de la céruse depuis de longues années, et toujours réfractaires à l'intoxication, sont pris tout à coup d'accidents saturnins qui les obligent à interrompre leur travail, souvent même à abandonner leur profession. Parmi ces accidents, la paralysie est peut-être le plus ordinaire. Elle est curable à la première atteinte, mais toute rechute assombrit le pronostic, tout comme dans la paralysie alcoolique récidivante.

Nous voudrions, à défaut d'explication plausible, préciser les conditions étiologiques des paralysies limitées à la surface d'absorption du plomb. Mais nous ne possédons aucune donnée sur ce point. S'il est hors de doute que l'agent toxique pénètre dans l'organisme par la surface cutanée, pourquoi la paralysie se localise-t-elle ? En vertu de quel mécanisme réflexe ou de quelles affinités chimiques ? L'acide phénique exerce une influence anesthésiante sur les pulpes digitales. Le sulfure de carbone agit de même, et tout porte à croire que les terminaisons périphériques des nerfs centripètes subissent l'action directe de la substance toxique. La même interprétation n'est plus possible du moment où il s'agit de nerfs centrifuges. Le problème est tout entier à résoudre.

Enfin la paralysie saturnine, quoi qu'en dise Leyden, n'a pas un pronostic grave. Elle est curable presque toujours dans un délai moyen de six à huit semaines (nous parlons des cas les plus ordinaires, qui ont servi à Duchenne), c'est-à-dire dans le même délai — ou a peu de chose près — que les autres paralysies toxiques.

CHAPITRE IV

ANATOMIE PATHOLOGIQUE

Il nous semble inutile de revenir sur les lésions centrales que l'autopsie fait découvrir chez les individus qui succombent au cours d'une paralysie toxique : ce sont des lésions contingentes ; seule la névrite diffuse présente une constance presque absolue. Seule aussi la névrite pourra nous expliquer les symptômes paralytiques, ainsi que les désordres sensitifs qui s'y adjoignent. C'est donc de cette névrite que nous allons nous occuper ici.

Assimilation mal fondée des névrites à la dégénération wallérienne.

Nous avons dit que, à peu d'exceptions près, tous les auteurs qui se sont occupés de l'anatomie pathologique des névrites, ont assimilé les lésions qui frappent en pareil cas les nerfs, à celles de la dégénération wallérienne. Avant de voir si cette assimilation est justifiée par les faits, — dans ce qu'elle a d'absolu, — nous rappellerons en quoi consiste « l'expérience d'Augustus Waller ».

L'expérience de Waller, appliquée aux nerfs périphériques chez un animal (cochon d'Inde ou lapin), consiste à mettre à nu le tronc d'un gros nerf, le sciatique, par exemple, puis à le sectionner en travers, de façon à interrompre la continuité de ses fibres. Pour plus de sûreté, on résèque le nerf sur une certaine longueur. Il se trouve ainsi séparé en deux tronçons : l'un, qui a conservé ses connexions normales avec les centres nerveux et qu'on est convenu d'appeler le tronçon ou bout *central;* l'autre, qui a au contraire perdu toute connexion avec les centres, c'est le bout *périphérique.* Or, tandis que le bout central conserve les caractères de l'état normal, le bout périphérique dégénère. On sait avec quel talent Ranvier a décrit les caractères

Fig. 1

(D'APRÈS RANVIER)

On reconnaît sur cette figure, les caractères de la dégénération wallérienne à sa période d'état : état moniliforme de la fibre; segmentation de la gaine de myéline en boules volumineuses; multiplication des noyaux; disparition du cylindre-axe.

anatomiques et le processus physiologique de cette dégénération.

Lésions du bout périphérique d'un nerf sectionné.

Rappelons en quelques mots ces caractères et ce processus. Dès le second jour qui suit la section, des modifications appréciables se manifestent dans la fibre nerveuse. Le noyau du segment interannulaire devient plus visible, le protoplasma qui l'entoure se gonfle, les incisures s'élargissent. Bientôt sur certains points du segment, le gonflement du protoplasma est assez marqué pour interrompre la gaine de myéline, laquelle se trouve sectionnée en deux ou trois tronçons. En même temps, des noyaux se montrent dans chacune des masses protoplasmiques, qui sectionnent ainsi la myéline. Puis, le sectionnement se poursuivant, la gaine de myéline est en fin de compte, décomposée en segments de moins en moins longs et bientôt en boules. Enfin elle se résorbe par places. Il en résulte que la fibre prend un aspect moniliforme, c'est-à-dire qu'elle forme des chapelets, dont les grains sont figurés par des amas de noyaux entourés de boules de myéline; quant aux intervalles qui séparent ces grains, ils sont occupés par la gaine de Schwann vide et revenue sur elle-même. Peu à peu, les renflements diminuent de volume et de nombre, et à la fin la fibre nerveuse disparaît; du moins elle n'est plus un élément distinct et spécialisé; elle se confond avec les fibres conjonctives.

Deux particularités restent à relever, car elles donnent à la dégénération wallérienne un cachet tout à fait spécial : 1° dès les premiers temps de la dégénération, la continuité du cylindre-axe est interrompue. Sur une foule de points, on le voit sectionné par le bourgeonnement des noyaux et le gonflement du protoplasma; 2° en second lieu (et ce second caractère est peut-être de tous le plus important), les modifications dont il s'agit frappent d'emblée la totalité de la fibre depuis le point sectionné jusqu'à sa terminaison périphérique. C'est à peine s'il est possible de noter quelques différences légères entre les derniers segments et ceux qui sont le plus rapprochés du centre. La dégénération est peut-être un peu plus lente pour ceux-ci, et pour ceux-là un peu plus rapide.

Indépendance et solidarité relatives des segments interannulaires.

Tels sont, esquissés à grands traits, les caractères anatomiques principaux de la dégénération dite « wallérienne ». Or, si on envisage ces caractères dans leurs rapports avec la structure et la physiologie des nerfs périphériques, il est impossible de ne pas remarquer un contraste frappant. Un des faits que les belles recherches du professeur Ranvier ont le mieux mis en lumière, est l'indépendance anatomique et physiologique du segment interannulaire. Et, en effet, qu'est-ce qu'une fibre nerveuse à myéline, au seul point de vue anatomique, sinon une série de cellules parfaitement individualisées, possédant chacune leur noyau propre, leur membrane d'enveloppe et leur protoplasma distincts? Placées bout à bout, elles constituent par leur réunion une fibre nerveuse, mais ce qui fait l'unité anatomique de cette réunion d'individus, c'est le cylindre-axe qui les embroche et passe sans interruption de l'une à l'autre depuis l'origine jusqu'à la terminaison de la fibre.

De même, au point de vue physiologique, si l'unité fonctionnelle est assurée par la présence du cylindre-axe, il n'en est pas moins certain que chaque cellule, c'est-à-dire chaque segment interannulaire conserve encore au point de vue de sa nutrition une certaine indépendance.

La dégénération wallérienne est un processus tout à fait spécial.

Mais quand on aborde la physiologie pathologique représentée, il faut bien le dire, jusqu'ici par l'étude de la seule et unique dégénérescence wallérienne, le désaccord éclate aussitôt.

Ici l'unité de la fibre reprend tous ses droits. Tous les segments d'une même fibre subissent en même temps la même dégénération. L'indépendance de chacune des cellules constituantes disparaît, leur solidarité s'affirme étroite et complète. Ce qui revient à dire que la fibre nerveuse affecte dans la maladie une manière de se comporter toute différente de celle de l'état normal. Est-ce là un jugement sans appel? Ou bien la contradiction n'est-elle qu'apparente? C'est ce qu'il va falloir étudier.

Il n'est pas nécessaire de réfléchir longuement aux conditions dans lesquelles l'expérience de Waller place les fibres nerveuses, pour voir qu'il s'agit là d'un cas particulier, et la seule conclusion qu'on puisse tirer de cette expérience est la suivante : une fibre nerveuse doit, pour conserver sa vitalité, demeurer en connexion directe avec les centres, et, chaque fois que le cylindre-axe, organe indispensable de cette communication, vient à être interrompu, toute la portion de la fibre située au-dessous de la solution de continuité est condamnée à une dégénération fatale, complète. Il s'agit là, par conséquent, au premier chef, d'un phénomène trophique, de la perte d'une influence qui jusqu'alors s'exerçait au même degré, ou à peu près, sur tous les segments d'une même fibre. Qu'y a-t-il alors d'étonnant à ce que tous les segments, touchés de la même façon, subissent en même temps le même sort? L'expérience de Waller nous montre donc très bien les phénomènes physiologiques et anatomiques qui surviennent lorsque la fibre nerveuse est séparée de ses centres. Mais elle ne nous montre que cela. L'étude des faits pathologiques va-t-elle nous révéler quelque analogie entre les résultats des véritables processus morbides et ceux de ce processus expérimental?

Nous sommes, il est vrai, fort peu renseignés sur la façon dont les poisons interviennent pour produire les névrites toxiques, mais il est bien difficile d'admettre que ce soit en émoussant la puissance trophique des centres. D'autre part, leur influence s'exerce sur des nerfs qui ont conservé leur connexion avec les centres. Enfin, tout permet de supposer qu'ils agissent bien plutôt à la façon des irritants physiques ou chimiques; de telle sorte que rien dans le procédé expérimental ne rappelle les conditions qui doivent, selon toute vraisemblance, présider à la mise en train du processus pathologique.

Lésions du bout central d'un nerf sectionné.

Sur ce point cependant, l'expérience wallérienne réalise le processus d'une névrite : c'est le lieu même où la section a été faite, là où le traumatisme détermine une irritation localisée. Celle-ci consiste dans la formation d'un tissu embryonnaire englobant à la fois l'extrémité opposée du bout central et celle du bout périphérique. Sur le bout périphérique, les effets de l'irritation traumatique sont à peine sensibles, masqués par les gros désordres de la dégénération wallérienne. Mais il n'en est plus de même sur le bout central. Ici encore nous reconnaissons une irritation traumatique presque identique à celle que peuvent faire naître les diverses substances toxiques. Elle est en tout cas dégagée de toute influence trophique, car elle s'exerce sur une fibre qui a gardé ses connexions immédiates avec les centres.

La lésion, dont il s'agit, différente de la dégénération wallérienne par ses causes, ne s'en distingue pas moins par ses caractères microscopiques. Nous ne signalerons que deux différences; elles sont d'ailleurs capitales : 1° la lésion est localisée dans un ou deux segments; 2° le cylindre-axe est conservé. Ainsi, de par la seule expérience de Waller, il est démontré que l'irritation traumatique produit sur la fibre nerveuse des effets différents de ceux que produit la sup-

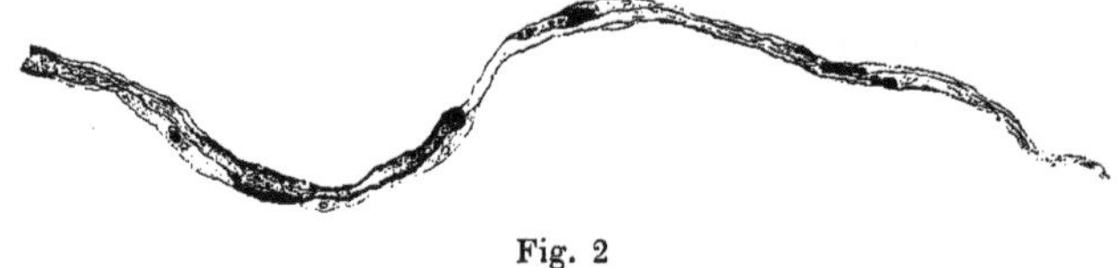

Fig. 2
(D'APRÈS RANVIER)

Névrite du bout central d'un nerf sectionné. Le cylindre-axe est continu, mais la gaine est remplie par des amas de protoplasma renfermant des noyaux. La lésion ne dépasse pas l'extrémité inférieure du segment situé au-dessus. C'est donc une lésion *segmentaire*.

pression de l'influence trophique; et que la dégénération wallérienne n'est pas le seul mode d'altération nerveuse qu'on puisse provoquer par les procédés expérimentaux.

Mais l'expérience de Waller n'a pas été la seule tentative faite pour élucider le problème anatomique des névrites périphériques. On s'est évertué à reproduire chez les animaux les symptômes et les lésions nerveuses de la paralysie saturnine; et, en ce qui concerne les lésions, l'épreuve a réussi à merveille. C'est à Gombault que revient le grand mérite d'avoir entrepris ces recherches, de les avoir menées à bien et d'en avoir su tirer les conclusions légitimes. Le procédé expérimental est de la plus grande simplicité. Il consiste à empoisonner des cobayes ou des cochons d'Inde, en mélangeant une certaine quantité de céruse à leurs aliments. Par conséquent, les conditions de l'expérience sont de tout point comparables à celles dans lesquelles se produit la névrite saturnine chez l'homme. Et qu'a-t-on trouvé en pareil cas? Des lésions tout à fait différentes de celles qui caractérisent la dégénération wallérienne. 1° Ces lésions en effet sont *segmentaires*. Un ou plusieurs segments interannulaires sont intéressés, mais ceux qui sont au-dessus, comme ceux qui sont au-dessous, reprennent les caractères de l'état normal. 2° Elles ne modifient que la gaine de myéline et le noyau du segment, et, sur aucun point, n'interrompent la continuité du cylindre-axe.

Névrite saturnine.

Fig. 3
(D'APRÈS GOMBAULT)
Cette figure représente un segment altéré dans sa totalité. les deux segments voisins étant normaux. Le cylindre-axe est continu, la lésion de la myéline est constituée par une fine émulsion, qui se présente sous l'aspect de corps granuleux.

Si nous pouvions entrer ici dans le détail de ces altérations, nous verrions à quel point elles se rapprochent de celles qui ont été vues chez l'homme par Westphal, Eisenlohr, von Monakow et Moritz. Mais ces auteurs, qui avaient remarqué certaines particularités des névrites saturnines indépendantes et distinctes du processus de la dégénération wallérienne, n'avaient pas su voir ou n'avaient pas osé affirmer, comme l'a fait Gombault, le caractère tout à fait spécial de ces lésions.

Ici nous rappellerons que des paralysies surviennent au cours des maladies infectieuses; que ces paralysies présentent, sous le rapport des symptômes et de l'évolution, une grande analogie avec les paralysies toxiques; et que les lésions d'où elles dérivent sont périphériques et carac-

Analogie histologique des névrites infectieuses et des névrites toxiques.

Névrite diphthérique.

térisées par des foyers de névrite multiples. C'est la névrite de la paralysie diphthérique qu'on a le mieux étudiée jusqu'à ce jour. Voilà certes une névrite de cause interne, non plus expérimentale et provoquée; mais bien spontanée et

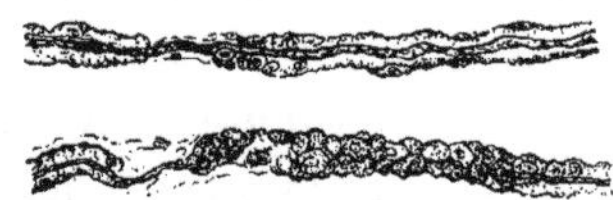

Fig. 4

(D'APRÈS MAIER)

Deux fibres représentant deux phases de la même altération. Sur la première, les corps granuleux forment un manchon très épais, masquant le cylindre-axe, qu'on y voit entrer et qu'on en voit sortir. Sur la seconde, l'altération est plus avancée le cylindre-axe est partout visible, car les corps granuleux ont en partie disparu

observée chez l'homme. Va-t-elle donc revêtir les caractères de la dégénération wallérienne?

En aucune façon. Gaucher, Maier, Gombault, à qui s'associe Déjerine, en donnent des descriptions concordantes dans leurs traits principaux; et, ici encore, la différence est

Fig. 5

(D'APRÈS GOMBAULT)

Sur cette fibre, on voit le cylindre-axe émerger d'une gaine normale, puis se dépouiller de sa myéline, et enfin plonger dans un manchon de corps granuleux, qui le dissimule.

complète. La lésion est segmentaire, et dans l'intérieur de la gaine de Schwann, on observe, au lieu des boules de myéline, caractéristiques de la dégénération wallérienne, de véritables corps granuleux cellulaires entre lesquels serpente le cylindre-axe ininterrompu.

Névrite alcoolique.

Enfin, pour ce qui est de la paralysie alcoolique, Gombault, dans un récent travail basé sur l'examen de deux faits, vient de signaler des altérations très analogues (1). Ici, il est vrai, la localisation segmentaire fait défaut. On n'observe pas cette succession si remarquable de segments malades, alternant avee des segments normaux, mentionnée dans la névrite saturnine expérimentale et dans la névrite diphtérique. Mais, sur nombre de fibres, la myéline, au lieu d'être segmentée en boules, est finement émulsionnée ou ebin englobée par des cellules; elle forme dans l'intérieur de la gaine de Schwann un manchon de corps granuleux au milieu duquel le cylindre-axe peut être suivi sans interruption, parfois sur toute l'étendue de la fibre en observation.

Donc voilà, dans quatre variétés de névrite de causes très dissemblables, étudiées par des observateurs différents, des lésions de la fibre nerveuse, qui n'ont pas le moindre rapport avec la dégénération wallérienne.

Nous croyons en avoir dit assez pour faire voir que si, dans les névrites toxiques, la dégénération wallérienne s'observe assez souvent, elle ne se produit pas d'emblée en vertu d'une influence trophique tout à fait problématique. Elle a lieu lorsque le processus de névrite périaxile, déterminé par le poison, est devenu assez intense pour tronquer le cylindre-axe et interrompre sa continuité avec le centre spinal. Bref, la névrite périaxile, uni-segmentaire ou multi-segmentaire, est le seul vrai résultat de l'intoxication. Quant à la dégénération wallérienne, elle est inconstante et, en tout cas, toujours consécutive à la névrite.

(1) *Compt. rend. Ac. Sc.* février 1886.

CHAPITRE V

PATHOGÉNIE

Pourquoi les substances toxiques exercent-elles dans certains cas leur influence nocive sur les nerfs périphériques plutôt que sur les centres ? Quel est le mécanisme intime de cette action? Voilà les deux grands problèmes pathogéniques que comporte la question des paralysies toxiques. Aucun d'eux encore n'a été résolu d'une façon satisfaisante, et nous ne proposerons pas de solution nouvelle. Une seule chose paraît établie, c'est l'identité presque absolue de l'irritation produite par les substances toxiques et par les agents infectieux sur le tube nerveux. Il semble, en effet, que les lésions microscopiques des névrites infectieuses résultent d'une action *mécanique* exercée par les microbes. De cela nous avons fourni la preuve en exposant les principaux caractères de la maladie pyocyanique, et nous en donnerons ici encore une confirmation nouvelle, tirée de l'histoire du *béribéri*. On désigne sous ce nom une maladie assez répandue au Japon, au Brésil, et peut-être à Panama, qui se présente quelquefois avec les allures d'une paraplégie essentielle. Scheube en a donné une des-

Comment agissent les substances toxiques sur les nerfs périphériques

cription complète dans une longue monographie, et paraît en outre avoir démontré sa nature microbienne.

Analogie symptomatique du béribéri avec la paralysie alcoolique.

La forme paralytique du béribéri consiste en des troubles de la motilité des membres inférieurs, se propageant parfois aux membres supérieurs. On remarque toujours une certaine laxité des articulations. Pendant la marche, — quand elle est encore possible, — le genou peut se fléchir tout à coup, en même temps que la cuisse se relève; puis le membre retombe et le talon frappe le sol. Ne reconnaît-on pas là un des caractères du pseudo-tabes alcoolique signalé par Westphal? Mais voici qui est encore plus caractéristique: les muscles extenseurs surtout sont frappés. La paraplégie paraît alors complète dans certains cas. D'autres fois, c'est une hémiplégie qu'on observe. Scheube a constaté que l'excitabilité faradique des muscles et des nerfs décroît plus vite que la galvanique et disparaît même assez souvent. Le réflexe rotulien fait défaut chez tous les malades qui présentent un état paralytique un peu accentué. Les muscles s'atrophient au fur et à mesure que la paralysie progresse. La sensibilité est diminuée. Dans les périodes avancées, les masses musculaires sont douloureuses à la pression. Enfin, quand le séjour au lit s'est prolongé quelque temps, les muscles jumeaux présentent un certain état de contracture.

Névrites multiples infectieuses et toxiques.

Il nous paraît inutile d'insister sur l'analogie frappante qui existe entre ce tableau et celui de la paralysie alcoolique. D'ailleurs Scheube attribue le béribéri non pas à une lésion spinale, mais à des « névrites multiples subaiguës », ce qui complète l'identité des deux processus. Il est donc vraisemblable que les « névrites multiples subaiguës » de l'alcoolisme, du saturnisme, etc., reconnaissent pour cause une sorte d'action traumatique exercée par le poison sur les éléments nerveux et analogue à l'action mécanique des microbes du béribéri. En dehors de cette notion très générale — et très-problématique, il faut le reconnaître, puisqu'elle ne repose que sur une comparaison, — nous ne savons plus rien de la pathogénie des paralysies toxiques.

Pathogénie des symptômes.

Ce petit chapitre ne visera donc que la pathogénie des symptômes qui, du reste, ne manque pas d'intérêt ; car elle établit avec toute la rigueur désirable les relations de nos paralysies avec le processus si spécial de la névrite péri-axile.

Bénignité des paralysies.

On peut d'abord se demander comment la paralysie est compatible avec la persistance du cylindre-axe. Or, il nous semble que la diminution ou l'abolition de la motilité peuvent être proportionnelles à la compression du cylindre-axe par le bourgeonnement des noyaux dans la gaîne de myéline. C'est en somme un phénomène analogue à celui que produit la ligature temporaire d'un nerf, pourvu que cette ligature ne soit pas trop serrée. Nous savons, d'autre part, que les paralysies toxiques sont très-souvent de simples parésies, ce qui va bien avec un faible degré de névrite péri-axile. Enfin le retour de la motilité peut s'expliquer par la décroissance des phénomènes irritatifs, en d'autres termes, par la décompression du cylindre-axe.

Retour de la motilité.

Quand il s'agit d'une paralysie plus grave et compliquée d'atrophie musculaire, l'irritation péri-axile peut retentir sur le cylindre-axe lui-même et le diviser en tronçons. La dégénérescence wallérienne s'ensuit alors, et avec elle la perte définitive de la contractilité. Cependant les paralysies toxiques ne sont point incurables dans l'immense majorité des cas. Comment donc expliquer la rareté de l'atrophie complète et définitive si la dégénération wallérienne est si commune? Cela tient à ce que les tubes nerveux ne sont pas tous dégénérés. Ils ont pu, à un moment donné, présenter, *tous à la fois,* les modifications irritatives qui ont produit la paralysie ; mais à la suite de ce processus irritatif un petit nombre d'entre eux n'ont pas subi la dégénération définitive et irrémédiable; et c'est ce reliquat de tubes restés sains qui suffit au rétablissement de la motilité. Cette proposition n'a rien d'hypothétique : on sait, en effet, que dans l'atrophie musculaire progressive ou dans la sclérose latérale amyotrophique, il suffit d'un très-petit nombre de conducteurs nerveux pour entretenir les fonctions musculaires.

Névrite expérimentale et névrite spontanée.

Une objection, celle-là plus sérieuse en apparence, peut être faite aux expériences de Gombault. Il a produit des névrites saturnines expérimentales chez des lapins et des cobayes, et ces animaux n'ont pas présenté de paralysies apparentes. A cela on peut répondre que la paralysie saturnine du cobaye et du lapin, n'étant pas professionnelle, peut épargner les groupes musculaires qui sont chez l'homme frappés de préférence. Rien ne prouve d'ailleurs que ces animaux n'aient pas éprouvé une asthénie musculaire généralisée, une certaine parésie, plus difficile à constater qu'une paralysie vraie. Enfin il est possible, à la rigueur, que la névrite péri-axile saturnine ait pour les cylindres axes du lapin, des ménagements qu'elle n'a pas pour ceux de l'homme. La physiologie comparée nous montre souvent de ces différences.

Atrophie musculaire.

La névrite péri-axile du saturnisme et de l'alcoolisme nous explique encore l'atrophie musculaire complète des cas graves. Celle-ci en effet, résultant d'un trouble trophique dont le point de départ est la segmentation du cylindre-axe, offre une ressemblance frappante avec la dégénération musculaire qui résulte de la section wallérienne. Faut-il dire que, dans ces deux cas, l'altération microscopique est identique? Nous n'irons pas jusque-là; et cependant nous savons que les névrites traumatiques ou spontanées des chirurgiens ou des médecins peuvent faire des atrophies musculaires en tous points comparables à celles de l'expérience de Waller.

Les troubles de la sensibilité sont encore plus faciles à expliquer, par la névrite périphérique, que les troubles moteurs. Nous avons dit qu'ils consistaient en fourmillements, picotements, brûlures, d'une façon générale en une hyperesthésie, qui s'observe surtout à la première période. Ne reconnaît-on pas dans ces phénomènes l'irritation du cylindre-axe des nerfs centripètes? Et, plus tard, quand apparaît l'anesthésie, ne peut-on pas soupçonner une interruption de ce conducteur, comparable à celle qui dans le cas précédent avait produit la paralysie définitive? Troubles de la sensibilité.

Pour ce qui est des réflexes tendineux, l'interprétation est moins facile. Nous avons dit qu'ils étaient quelquefois exagérés; mais alors on peut incriminer quelque myélopathie (irritation spinale ou myélite circonscrite). Tel est, en effet, le cas de ces paralysies toxiques produites par l'oxyde de carbone ou le sulfure de carbone, auxquelles s'ajoute le plus souvent un grand nombre de phénomènes cérébraux ou médullaires. Alors l'exagération du réflexe n'est pas le fait du conducteur nerveux, centripète ou centrifuge, mais du centre spinal. Quant à l'abolition du réflexe, qui est de beaucoup le cas le plus commun, nous en ignorons la cause. Au demeurant, l'absence d'explication n'infirme en rien l'influence pathogénique de la névrite, en ce sens que nous ne pouvons pas expliquer mieux cette absence du réflexe par une lésion encore invisible et en tout cas indéterminée de la moelle ou des racines. Réflexes tendineux.

Nous ne croyons pas devoir insister sur l'origine névritique des troubles trophiques, puisque ces troubles sont presque toujours la conséquence d'une névrite, même en dehors des influences toxiques. Troubles trophiques.

Pour ce qui est des pseudo-tabes, la forme paralytique décrite par M. Charcot s'explique à merveille, puisqu'elle n'est qu'une conséquence de l'impuissance fonctionnelle. Pseudo-tabes.

Enfin, l'état mental, dans l'alcoolisme et certaines autres

intoxications, n'a rien à voir sans doute avec les névrites périphériques. Il ne s'agit là que d'une association de symptômes assez fréquente pour faciliter le diagnostic clinique, mais contingente, en somme, et indifférente dans le cas qui nous occupe.

Localisations motrices et sensitives des paralysies saturnine et alcoolique.

Il y aurait un dernier point de vue à envisager. Pourquoi l'intoxication saturnine prédispose-t-elle à des paralysies motrices pures, tandis que les paralysies alcooliques sont combinées à des troubles de la sensibilité? Le plomb n'aurait-il donc d'influence que sur les filets moteurs? Cette question est embarrassante. Elle l'est à tel point qu'on l'a en quelque sorte escamotée, en attribuant les paralysies saturnines à une lésion fonctionnelle des cornes antérieures de la moelle. La pathologie spinale nous a, en effet, habitués à ne pas nous étonner de ces localisations systématiques, dans les processus subaigus ou chroniques, en particulier pour ce qui concerne les troubles de la motilité. Il semblait donc tout naturel de rapporter à un désordre de nature encore incertaine, mais limité aux grandes cellules motrices de la moelle épinière, cette localisation du saturnisme dans le seul appareil neuro-musculaire.

Nous avons déjà fait remarquer que cette localisation, pour être fréquente, n'a rien d'absolu. Nous avons signalé, dans la paralysie saturnine, la plupart des troubles de la sensibilité qu'on observe dans les autres paralysies toxiques, avec une fréquence moindre, à la vérité, mais suffisante pour exclure l'hypothèse d'une poliomyélite antérieure. D'autre part, dans l'alcoolisme, la lésion périphérique des nerfs peut ne se traduire que par des désordres sensitifs. Faudrait-il admettre pour ces cas-là une localisation spinale ou radiculaire postérieure? Non, certes. Nous avouons enfin que la préférence du saturnisme pour l'appareil moteur périphérique ne nous surprend pas plus que toutes les autres localisations motrices des centres.

On pourrait nous objecter que les cellules motrices et les cellules sensitives de la moelle épinière, n'étant pas construites de la même façon, doivent opposer des résistances différentes aux influences nocives, tandis que les nerfs, conducteurs passifs des « courants nerveux » centripètes ou centrifuges, n'ont qu'un seul et même procédé de réagir contre les agents toxiques. Cela est encore vrai, mais il est permis d'admettre que cette façon de réagir varie selon les influences qu'ils reçoivent de leur protoplasma cellulaire central. Cette manière de voir est hypothétique, mais toutes les autres le sont aussi. Bref, la théorie de la névrite nous satisfait beaucoup plus que la théorie spinale. Elle a au moins l'avantage d'être étayée sur des données anatomiques incontestables et dont l'importance ne peut échapper à personne.

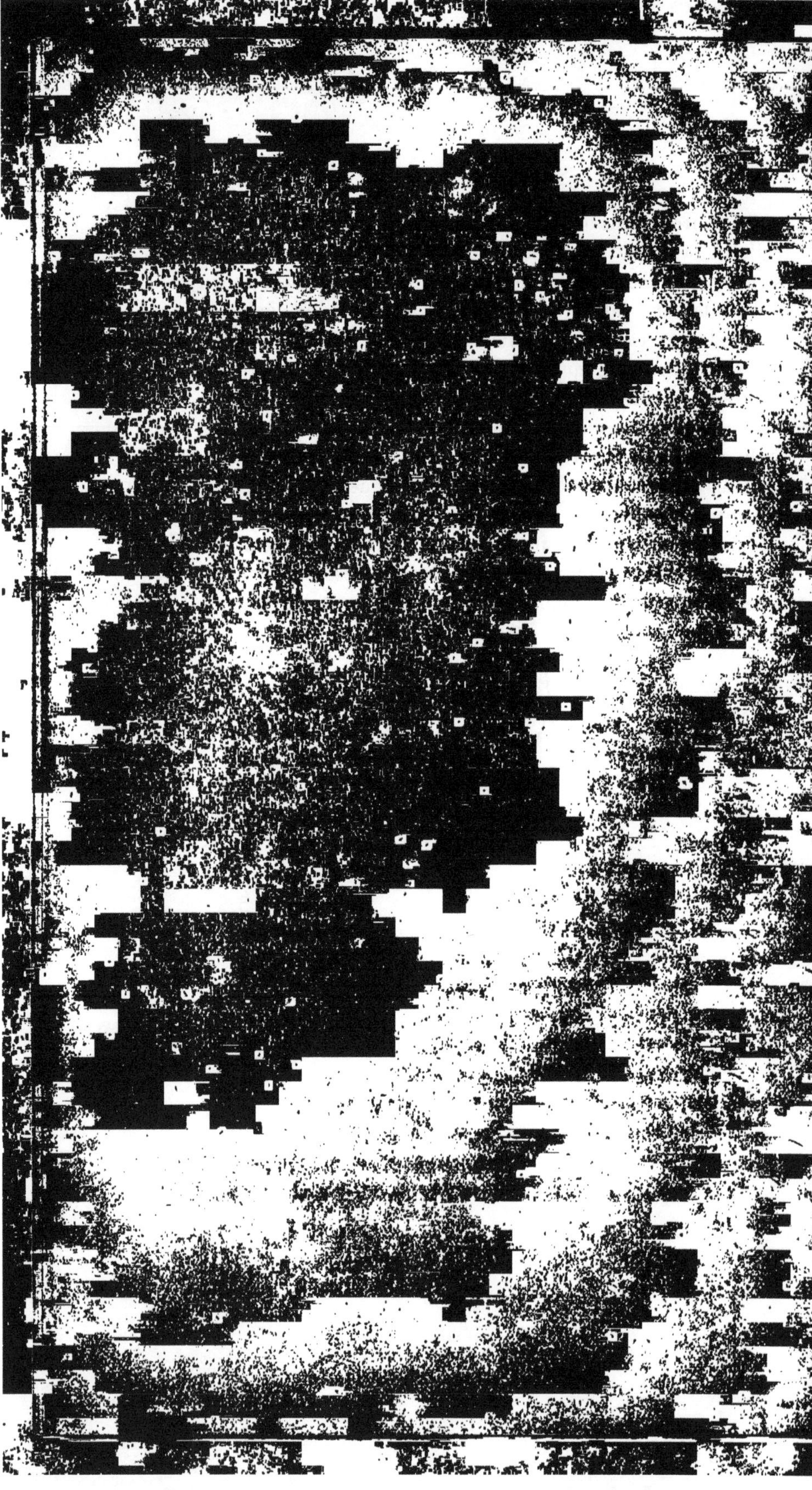

CHAPITRE VI

DIAGNOSTIC

Ce chapitre comporterait de grands développements, si nous devions étudier en détail toutes les éventualités du diagnostic des paralysies toxiques. Mais nous nous bornerons à présenter un simple programme, dans lequel seront exposées les principales difficultés du problème. Nous ne croyons pas nécessaire de reprendre l'énumération des symptômes à l'aide desquels il est permis d'affirmer qu'une paralysie (toxique ou non toxique) est d'origine périphérique. Nous supposerons cette première partie du problème résolue. Il ne s'agit pour nous que de savoir si cette paralysie est le fait d'un empoisonnement.

De deux choses l'une, nous savons qu'un poison a été absorbé, ou nous l'ignorons.

Cas où l'empoisonnement est connu.

Dans le premier cas l'adage : *post hoc, ergo propter hoc*, se trouve le plus souvent confirmé. Cependant, il est certaines circonstances, à la vérité exceptionnelles, où une erreur est encore possible. Tel est le cas de la paralysie radiale *a frigore*, qui peut se produire chez un malade saturnin, tout aussi bien que chez un sujet sain, et qu'on pourrait, au premier abord, attribuer à l'influence toxique du plomb. Or, la paralysie radiale non toxique est toujours complète, en ce sens qu'elle n'épargne pas les supinateurs. C'est à cette différence qu'on la reconnaîtra. Mais nous avons dit que la paralysie radiale saturnine pouvait, à la rigueur, intéresser aussi les muscles supinateurs. Dans ce cas, le diagnostic est à coup sûr malaisé. On se rappellera toutefois que les muscles supinateurs ne sont intéressés, dans la paralysie saturnine, que lorsque cette paralysie tend à se généraliser. Ils ne sont atteints qu'après tous les autres, en particulier après les muscles de l'épaule (que la paralysie radiale *a frigore* respecte), et surtout après les muscles extenseurs antibrachiaux du côté opposé, attendu que la paralysie saturnine, dans les formes graves et même moyennes, est toujours bilatérale. On remarquera encore que les extenseurs du médius et de l'annulaire sont plus paralysés que ceux de l'index et du petit doigt. On tiendra compte du début de la paralysie, qui est lent dans le saturnisme, rapide dans les cas de rhumatisme ou de compression. Enfin l'abolition de la contractilité électro-musculaire jugera en dernier ressort l'origine de l'affection.

Combinaison de symptômes d'encéphalopathie avec les paralysies périphériques.

La difficulté du diagnostic est encore plus grande, lorsque des symptômes d'encéphalopathie s'ajoutent aux diverses manifestations de la névrite périphérique. Qu'on en juge par ce résumé d'une observation que nous devons à l'obligeance de M. Marie : Un peintre en bâtiment, qui ne présente pas le liséré de Burton, et qui n'a jamais eu de coliques saturnines, éprouve depuis un mois un certain embarras de la parole, très analogue à celui de la paralysie générale progressive. Tous les muscles du corps sont affaiblis. Partout la sensibilité est amoindrie. Les deux champs visuels sont rétrécis. Par moments, le malade ressent des secousses dans les membres et parfois se met à trembler. Enfin, *les extenseurs des doigts des deux côtés sont parésiés sans atrophie*. N'est-on pas en droit de se demander si cette paralysie n'est pas d'origine centrale? Ne semble-t-il pas qu'elle dépende du même ensemble de troubles encéphaliques, qui a produit l'embarras de la parole, l'asthénie générale, le retrécissement des champs visuels? N'est-il pas possible que cet homme, tout exposé qu'il soit au saturnisme, commence une péri-encéphalite diffuse? Et, en vérité, puisqu'il n'a jamais eu de colique, et qu'il ne présente pas le liséré pathognomonique, quelle preuve avons-nous que la paralysie légère de ses extenseurs soit d'origine toxique?

Combinaison de deux intoxications chez le même malade.

La combinaison de deux intoxications, capables chacune d'engendrer des paralysies, constitue encore une difficulté de diagnostic, qu'on rencontre assez souvent à l'hôpital.

« Pour être saturnin, on n'en est pas moins homme », c'est dire que le plomb ne garantit pas contre l'alcoolisme. Au contraire, la cachexie saturnine favorise et hâte les accidents de toutes les intoxications, et *vice versa*. Il y a peu de temps, M. Babinski nous montrait, à la Salpêtrière, un malade atteint d'une parésie des quatre membres et chez lequel il était assez difficile d'établir la part de responsabilité respective de l'alcool et du plomb. Mais, nous ne voulons pas multiplier ces exemples, car leur place n'est pas dans une étude générale.

Cas où l'empoisonnement est ignoré.

Considérons maintenant le cas où la notion de cause fait défaut. Lorsque rien ne permet de supposer que le malade a été victime d'une intoxication, on peut confondre les paralysies périphériques disséminées avec certaines paralysies de cause centrale, — à condition, bien entendu, que l'ensemble symptomatique présente quelque anomalie. Nous avons déjà dit, par exemple, que l'alcoolisme, l'arsénicisme, et même le saturnisme pouvaient produire des paralysies des quatre membres, compliquées d'atrophie rapide, qui évoluent avec de la fièvre et peuvent se terminer par la mort. A la rigueur, et si l'on n'y regardait pas de très près, cette maladie pourrait être confondue avec la myélite aiguë ou subaiguë. Nous croyons même qu'on a publié des observations de paralysies toxiques généralisées sous le titre de *myélite subaiguë centrale*.

L'atrophie musculaire progressive est encore une des maladies spinales qu'on pourrait confondre avec les amyotrophies lentes de l'alcoolisme ou de l'arsénicisme chronique. Nous savons du reste que la maladie d'Aran-Duchenne peut coexister avec les localisations amyotrophiques de certaines intoxications. Vulpian et Raymond ont publié un bel exemple de cette combinaison peu commune. Enfin, nous pensons avoir insisté, de façon à n'être plus obligé d'y revenir, sur les caractères différentiels du pseudo-tabes toxique et du tabes ataxique vrai. Nous répéterons à ce propos que ces deux maladies peuvent aussi se trouver réunies chez le même sujet (Charcot et Parinaud).

Paralysies consécutives aux maladies aiguës.

Lorsqu'on a écarté toutes ces difficultés et qu'on est enfin édifié sur la nature périphérique de la paralysie, le diagnostic est encore loin d'être complet. Comment et pourquoi se développe une paralysie périphérique, qui ne relève ni d'un traumatisme ni d'une intoxication? Il y a bien les maladies infectieuses, comme la variole, la dothiénentérie, la diphtérie, qui produisent des paralysies analogues — celles que Gubler avait qualifiées d' « amyosthéniques » et auxquelles Landouzy a consacré la plus grande partie de sa thèse. Mais on est toujours renseigné sur ce point; en tout cas, la notion d'une maladie antérieure a beaucoup moins de chances d'échapper au médecin que celle d'une intoxication accidentelle. En dernière analyse, quand on s'est assuré que le malade n'est ni un diabétique, ni un albuminurique, qu'il n'est atteint, en un mot, d'aucune dyscrasie diathésique, on peut affirmer que sa paralysie est d'origine toxique, et il ne reste plus qu'à entreprendre et mener à bien l'enquête qui fera découvrir la nature du poison et le mode d'empoisonnement.

Spécificité des symptômes.

En effet, l'arsenic, le plomb, le mercure, etc., peuvent produire de graves accidents en dehors des prédispositions qui résultent de certaines professions. Rien n'est plus commun, en particulier, que les paralysies saturnines d'origine alimentaire. Les articles de dictionnaires et les mémoires spéciaux sont remplis de cas de ce genre. Or, lorsque la paralysie saturnine est franche, conforme au type classique de Tanquerel des Planches et Duchenne (de Boulogne), quand bien même il serait impossible de découvrir le mode d'introduction du poison, nous sommes en droit d'affirmer sans restriction son origine toxique et de l'appeler par son nom. Elle *seule*, en effet, se comporte ainsi. Et si la spécificité étiologique nous échappe, la spécificité des symptômes la remplace avec avantage et nous suffit.

Nous en pouvons dire autant de l'alcoolisme. Voilà une intoxication sur laquelle nous serions bien mal renseignés, si nous ne devions nous fier qu'aux indications fournies par les malades; car elles sont presque toujours négatives. Mais l'alcoolisme a une spécificité symptomatique peut-être encore plus accusée que celle du saturnisme, et nous ne pouvons en donner une meilleure preuve qu'en reproduisant le fait suivant dont M. Charcot a eu l'obligeance de nous faire part:

« J'ai été appelé récemment par mon confrère le docteur X... auprès d'une jeune dame américaine, âgée de 26 ans. Cette dame, de figure et de manières distinguées, se trouve dans l'impossibilité absolue de rendre compte de son état, par suite d'une amnésie très prononcée, qui existe depuis plus d'un mois sans embarras aucun de la parole. La malade, qui a le souvenir des choses de son pays, qu'elle a quitté il y a cinq mois environ, ignore le domicile qu'elle habitait à Nice, il y a encore quatre jours, et aussi le nom du médecin qui l'a soignée pendant plus d'un mois. C'est la « *nurse* » de cette dame qui m'a donné les renseignements relatifs au début et à la marche des accidents dont elle est atteinte. Il y a 5 ou 6 semaines, la malade avait commencé à vomir. On s'aperçut qu'elle perdait la mémoire, en même temps que ses membres inférieurs s'engourdissaient et devenaient de plus en plus faibles. Au bout de quelques jours, la station debout était impossible. Peu à peu la parésie et l'engourdissement avaient gagné les mains.

« Les nuits étaient mauvaises et agitées par des rêves relatifs aux détails de la vie de cette dame en Amérique. Il n'y avait ni hallucinations ni illusions fantastiques.

« Depuis le même temps, il existe une parésie vésicale assez prononcée pour qu'on soit obligé de pratiquer le cathétérisme deux fois par jour. L'urine rendue est trouble et un peu fétide.

« La jeune femme garde le lit et est incapable de se tenir debout. Il est facile de reconnaître qu'il existe une paralysie des extenseurs assez accentuée aux membres supérieurs, complète aux membres inférieurs. La malade peut à peine lever la jambe au-dessus du plan du lit. Il n'y a pas d'atrophie musculaire apparente, ni d'œdème sous-cutané. Les réflexes rotuliens sont abolis.

« Les parties paralysées ou parésiées, tendons, muscles, sont douloureuses à la pression. La malade crie quand je comprime ses mollets ou son poignet. Elle assure n'avoir pas de douleurs spontanées. Elle a perdu, les yeux fermés, la notion de la position de ses membres inférieurs.

« Je regrette de n'avoir pas pu faire un examen plus détaillé, mais cet ensemble de symptômes suffisait pour me convaincre qu'il s'agissait d'une paralysie alcoolique. J'avais terminé mon examen quand la « *nurse* » me dit que la jeune dame était toujours tourmentée par la soif, et comme je lui demandais ce qu'elle buvait, elle me répondit en anglais : « Toutes sortes de stimulants, champagne, porto, « sherry, etc., etc. » J'étais de plus en plus fixé. Sur ces entrefaites, le confrère qui m'avait appelé en consultation m'apprit ce qui suit : Cette jeune dame était partie d'Amérique au commencement de l'hiver. Elle rencontra sur le bateau un prétendu gentleman, qui la poursuivit de ses assiduités, et qui, pour mieux arriver à ses fins, la poussa à boire de grandes quantités de champagne et de vins forts de toutes sortes. Cette alcoolisation systématique et intensive n'a pas cessé de se produire, puisque le soi-disant gentleman (qui aurait accaparé du même coup le cœur et la bourse de sa victime) continue toujours ses assiduités. Il m'a été impossible de savoir le genre de vie que menait cette dame avant son départ d'Amérique. Tout ce que je puis dire, c'est qu'il s'agit d'une femme bien élevée, dont le mari exerce en Amérique une profession des plus considérées. Mariée depuis 6 ans, elle n'a pas eu d'enfants. Elle venait en Europe pour se distraire... Ce que j'ai vu là démontre une fois de plus : 1° que, de par les symptômes paralytiques, on peut dépister l'alcoolisme ; 2° que dans la paralysie alcoolique, la vessie peut être parésiée, ce que je n'avais pas remarqué jusqu'ici. »

CHAPITRE VII

TRAITEMENT

Prophylaxie.

L'indication thérapeutique, qui est en même temps la plus générale et la plus formelle, est de supprimer, s'il est possible, les causes d'empoisonnement, — tâche difficile entre toutes, quand il s'agit d'intoxication alcoolique, car si une ou deux tentatives peuvent réussir, il n'arrive que trop souvent que le malade oublie ses bonnes résolutions. Nous avons dit assez l'heureuse influence de cette prophylaxie à propos de l'alcoolisme, du saturnisme et de l'arsénicisme, pour n'y plus revenir.

Élimination du poison. Stimulants de la circulation et des excrétions.

Quand on est parvenu à empêcher l'absorption de nouvelles doses de la substance toxique, il faut, par tous les moyens possibles, favoriser l'élimination de ce qui a été déjà fixé dans les tissus. Alors on met en œuvre tous les stimulants de la circulation et des sécrétions cutanée et urinaire.

La médicamentation n'a pas grande influence. Le plus souvent, on administre l'iodure du potassium, le grand « dépuratif » par excellence, mais on ne sait pas comment il agit. Quoi qu'il en soit, on doit lui reconnaître une certaine efficacité dans le saturnisme chronique. Il est et demeure, en somme, le meilleur remède.

Électrisation : courants induits et courants continus.

Lorsque toutes les indications relatives à l'intoxication elle-même auront été remplies, on s'efforcera d'enrayer les progrès de la paralysie et surtout de l'atrophie en rappelant la contractilité musculaire. Dès que quelques contraction réapparaîtront, la partie sera gagnée ; les muscles recouvreront leurs fonctions et leur volume. Pour arriver à ce résultat, le meilleur moyen est l'électrisation. Quant à la méthode électro-thérapique à employer de préférence, il y a, selon les pays, des divergences d'opinion, en présence desquelles le praticien pourrait être très embarrassé. Duchenne préconise les courants faradiques. Remak préfère les courants galvaniques. Et, par un singulier retour des choses de la thérapeutique, voici que l'électricité statique recommence à compter un grand nombre de partisans.

Méthode allemande et méthode française.

En France, l'emploi des courants induits a été adopté par la plupart des spécialistes. Ils observent à cet égard les conseils de Duchenne, qui sont les suivants : 1° se servir du courant à gros fil avec des intermittences rapides et à un degré aussi intense que possible ; et le diriger de préférence sur les muscles dont la contractilité et la sensibilité électriques sont le plus affaiblies ; 2° les séances ne doivent pas durer plus de 10 minutes ; plus longues, elles pourraient occasionner des courbatures, être suivies de douleurs et produire le contraire de l'effet thérapeutique que l'on voudrait obtenir ; 3° elles doivent avoir lieu tous les deux jours.

En Allemagne, au contraire, sous l'influence des travaux de Remak, les courants galvaniques sont l'objet d'une préférence non moins exclusive. Erb, partant de l'idée que la paralysie saturnine est d'origine médullaire, conseille de traiter en première ligne le renflement cervical de la moelle, et pour cela, d'appliquer sur la dernière vertèbre cervicale et la première dorsale une large électrode ; l'autre électrode, étant placée sur le sternum, on laisse passer le courant pendant une ou deux minutes, puis on fait un renversement, et ainsi de suite. Le courant doit être énergique. Puis on procédera au traitement périphérique (le pôle positif est appliqué sur le renflement cervical, le pôle négatif sur les territoires neuro-musculaires atteints par la paralysie). Remak avait aussi proposé de pratiquer la galvanisation du sympathique au cou. Cette méthode semble n'être plus guère employée aujourd'hui.

Enfin, c'est M. Romain Vigouroux qui, dans ces dernières années, s'est servi avec le plus de succès de l'électricité statique pour le traitement de la paralysie saturnine et de la paralysie alcoolique.

Massage.

Dès le retour de la contractilité volontaire, on pourrait recourir au massage par la méthode de Metzger. C'est un excellent moyen, trop peu usité dans notre pays, et dont les beaux résultats étonneraient sans doute la plupart de ceux qui se décideraient à l'employer.

Intervention chirurgicale.

Enfin les paralysies toxiques réclament quelquefois une intervention chirurgicale. Voilà un point de la question qui n'a pas encore été exposé, sauf dans l'enseignement clinique de M. Charcot à la Salpêtrière. Nous avons dit que les pieds-bots paralytiques de l'alcoolisme et même de l'arsénicisme, pouvaient passer à l'état de difformités permanentes sous l'influence de la rétraction musculaire ou de la formation d'adhérences dans certaines gaines tendineuses. M. Terrillon, à l'instigation de M. Charcot, a déjà pratiqué deux fois la section sous-cutanée du tendon d'Achille chez des malades atteintes de paralysies alcooliques. La section une fois faite et le redressement effectué, le membre a été immobilisé dans un appareil. Au bout d'un mois à six semaines, on arrive, grâce à de nouveaux efforts, à rompre le reliquat des adhérences et la jointure est encore immobilisée. Peu à peu, les malades recommencent à marcher, d'abord avec une assez grande difficulté, parce que l'habitude des mouvements incoordonnés persiste, et que les orteils gardent encore une attitude de flexion exagérée. Cependant, il ne faut pas désespérer du résultat. Pour s'être fait attendre chez une des malades de M. Terrillon près de cinq à six mois, il n'en a pas été moins favorable.

RENSEIGNEMENTS

BIBLIOGRAPHIQUES

Bernhardt. — *Beitrag zur Lehre von der acuten atrophisch. spinallähm. Erwachs. Arch. f. Psych.* 1877, 325.

Bernhardt. — *Peripher. Lähmungen. Deutsch. Archiv. f. klin. Med.* 1878, 365.

Charcot. — *Leçons sur les maladies du syst. nerv.* 1877, II, 267.

Desplats. — *Des paralysies périphériques. Th. d'agrégation*, 1875.

Duchenne. — *Electrisation localisée*, 3e *édit.* 1872, 671.

Eisenlohr. — *Idiopath. subacute Muskellähm. und Atrophie Centrbl. f. Nerv. heik.* 1879, 100. — *Zur Casnistik der subacut. vorder Spinallähm Arch. f. Psych.* 1878, 310.

Erb. — *Neurol. Centrabl.* 1883, 481. — *Krankheinten der pheripheren cerebro-spinalen Nerven*, 1876, 514. — *Krankheiten des heiten des Rückenmarks*, 1878, 720. *Bleiparalyse. Abnorme Erregbarkeit. Verhaltnisse der gelähmt. Musk. Deutsch. Arch. f. klin. Med.* 1868.

Jaccoud. — *Les Paraplégies et l'Ataxie.* Paris, 1864. — *Tr. de pathol. int.* 1877.

Joffroy. — *Névrite parenchymateuse. Arch. de physiol.* 1879, 172.

Kahler und Pick. — *Beitrage zur Pathologie und Patholog. Anatomie des centralnerven Systems. Leipsig*, 1879, 131.

Krans. — *Des paralysies sans lésions appréciables.* Liège, 1862.

Labadie-Lagrave. — *Article* Nerfs *du nouv. Dict. de méd. et chir. prat.*

Leroy (Raoul). — *Des paralysies des membres inf.* Paris, 1857.

Leyden. — *Klinik der Rückemnarkskrankheiten.* 1876, 293, 475.

Lœwenfeld. — *Ueber spinallähmung mit Ataxie. Arch. für Psych.* 1884, 438.

Müller. — *Ein Fall von multipler Neuritis. Arch. f. Psych.*, 1883, 665. — *Die acute atrophische spinallähmung der Erwachsenen,* 1880, 66.

Quinquaud. — Action mesurée au dynanomètre des poisons musc. sur les musc. de la vie de relation. *Gaz. des Hôp.* 1885, 29.

E. Remak. — *Galvanothérapie, etc.*, 1858. — *Uber die Local. atroph. spinallähm und spinales Atrophien, Arch. f. Psych.* 1879, 495.

Rosenthal. — *Diagnostic und Therapie der Rückenmarkskr.* 1884, 156.

Strümpell. — *Zur Kenntniss der multiplen degener. Neuritis. Arch. Psych.*, 1883, 339.

Vulpian. — Clinique médic. de l'hôp. de la Charité, 1879, 727. — Leçons sur les maladies du syst. nerv. 1879, II, 158.

Westphal. — *Ueber einige Fälle von acuter tödtlicher spinallähm. Arch. für Psych.* 1876, 802. — *Verlangsamung der Empfindungsleitung bei Verletz periph. Nerven. Neurol. centr. bl.* 1883, n° 3.

ALCOOL

Black. — (*S. Dissections of two habitual drunkards.* (*Tr. Assoc. King's and Queen's coll. Phys. Ireland.* Dublin, 1817, I, 52-62.

Bouchardat. — Cours oral de la Faculté de Paris, 1852.

Bourdon. — Alcoolisme. Hyperesthésie et convulsions, puis délire, mort et autopsie. *Bull. et mém. soc. méd. Hôp. de Paris,* 1868, IV, 173-179. — *Id. Archiv. génér. de méd.* 1861, XVIII, 515. — *Thèse,* 1843.

Broadbent. — *On a form of alcoholic spinal paralysis. The Lancet,* 1884, 294, *Proc. Roy. med. et surg. soc.* London, 1883-84, I, 198-202.

Buzzard. — Brain, 1878, I, 121. — Soc. clin. de Londres dans *Sem. méd.* 2 déc. 1885.

Carpentier. — Alcoolisme chron. Epilepsie. Mort et autopsie. *Presse méd.* belge, 1874, 73.

Casanova (Raph). — Intoxications chron. par l'alcool, l'absinthe et le vulnéraire. Th. Paris, 1885, n° 284.

Charcot. — Les paralys. alcooliques. Leç. rec. par Gilles de La Tourette. *Gaz. des Hôp.* 28 août 1884.

L. Clarke. — *The Lancet,* 1872, 427. *Alcoholic paresis and paraplegia.*

Charité-Annalen. — *Alcoholismus psych. Störung atroph. Lähm. der Extens. am Obersch.* 8e année, 1881. — Berlin, 1883, 552-550.

Cicero. — *Estudio anatomico-pathologico del higado de los enfermos alcoholicos. Observador med.* Mexico, 1872, 181-193.

Dauvergne. — De l'influence de l'habit. de l'ivrog. sur l'ataxie; de la gravité de celle-ci. *Bulletin gén. de thérap. etc.* Paris, 1847, XXIII, 13-19.

Dechambre. — *Danger de l'alcoolisme et de l'usage du tabac. Gaz. hebd. de méd.* Paris, 1871, 405.

Déjerine. — *Paral. alcoolique. Gaz. hôp.*, 25 octobre 1884. — *Arch. de physiol.*, 1884, 15 fév., 231. *Du nervotabes périphérique.* — *Gaz. méd.*, 1879, n° 12.

Dreschfeld. — *On alcoolic paralysis.* Brain, 1884, 200.

Fischer. — *Eine eigenthüml. Spinalerkrank bei Trinkern. Arch. f. Psch. u.* Nervenkr., 1882, I.

Fournier (Alf.). — *Alcool.* Dict. Jaccoud, 60.

Glynn (Thomas). — *Case of alcool paraplegia. The Liverpool med. chir. Jour.* July, 1883.

Handfield (Jones). — *Epilepsy and oth. nerv. affect. resulting fr. th. exces. use of alcool.* Praction, 1871, 331.

Hadden. — *Faits pour servir à l'étud.* etc. *The Lancet,* 3 oct. 1885, 610. — *Two fatal cases of alcoholic paralysis. The Lancet,* 1884, 735.

Hayne. — *Alcoholism; its pathol. anatom. condit,* etc. *West Lancet San Franc.* 1878, 405.

Hun (Henry). — *Alcoholic paralysis. Amer. Journ. med. de Phil.*, 1885, 372.

Hüss (Magnus). — *Alcoholismus chronicus.* (Trad. allem.), 1852. Stockholm et Leipsig.

Kennard. — *iThree cases of alcoolism. Méd. Arch.* Saint-Louis, 1869, 65-73.

King. — *Alcoholism. etc. Paralysis. Recovery Amer. Journ. méd. sci.* Philad. 1874, 153.

Krüche. — *Die Pseudo-tabes des Alcoholiker. Deutsche. Zeit,* 1884.

Lancereaux. — *Paralysies toxiques et paralysie alcoolique. Union méd.*, 1885, 73. — *Paralysies toxiques. Gaz. heb. de méd. et chir.*, 1881. — *Étude sur les altér. prod. par l'abus des bois. alcool. Gaz. heb. de méd.*, Paris, 1865, 435.

Lasègue. — *De l'alcoolisme chron. envisagé surtout dans ses rapp. avec la paralysie générale. Arch. gén. de méd.*, Paris, 1853, I, 49.

Laure. — *Alcoolisme. Hémat. Ascite. Autopsie. Lyon, méd.* 1869, II, 386. — Note sur deux cas d'alcoolisme et de syphilis visc. avec autopsie. *Mém. Soc. d. sc. méd. de Lyon*, 1870, 147.

Leclère (E.). — *Étude sur qq. accidents nerv. aig. de l'alcoolisme chr.* 4°. Paris, 1868.

Leudet. — *Étude sur la forme hyperesth. de l'alcoolisme chron. Arch. gén. de méd.*, 1867, I. — *Étude clinique sur la forme hyp. de l'alcoolisme chr. et de la rel. avec les mal. de la moelle. Arch. gén. de méd.*, Paris, 1867, I, 5-39.

Lilienfeld. — *Névrite dans alcoolisme.* Berlin, *Gesellsch. für Psych. u. Nervenkr.*, 1885, 13 juillet.

Lolliot. — *De l'alcoolisme comme cause de la paralysie génér. Gaz. des Hôp.*, 1873, 817.

Lœwenfeld (L.). — *Névrite périphérique chez un alcoolique. Neurolog. Centralbl.* 1885, nos 7, 8.

Marcé. — *Paralysie alcoolique. Soc. méd. des hôpit.*, mai 1862.

Marcet. — *On chronic alcoolic intoxication.* 12° London, 1860.

Moëli. — *Alcoholismus. Atrophische. Lahmung der Extensoren am Oberschenkel.* Charité. Ann. 1883, 552. — *Ibid.* Char. Ann. page 541.

Myrtle. — *On a case of acute ascending paralysis, chron. alcoolism. Brit. med. Journ.*, 1882, 312.

O'Connor. — *Observ. of some of the effects of chronic alcohol. on the nervous syst.* Dublin. *J. M. Sc.*, 1876, 79.

eber. — *De l'alcoolisme chronique*, 4° Paris, 1853.

Rey. — *Paraplégie d'origine alcoolique suivie de guérison. Ann. méd. psych.* 1885, 68.

Schulz. — *Névrites périphériques. Alcoolisme. Neurol. Centralbl.* 1885, nos 19, 20, 21.

Schultze. — *Beitrag zur Lehre des multiplen Neurites bei Potatoren. Neurol. Centralbl*, 1er octobre 1885.

Thomson W.-H.). — *Nervous and muscular disord. in chr. alcoholismer. Med. Rec.* N. Y. 1878, 181.

Thompson (Reginald). — *On paralysis of the extensors. Med. chir. transact.*, 1868.

Thornby (J.-A.). — *Alcoholism, or some of the effets of alcoh on the nerv. syst., Med. Press et Circ.*, Londres, 1874, 310.

Tripier. — *Observ. d'alcoolisme chron.* etc. *Mém. Soc. d. Sc.* de Lyon, 1865 313-323.
Voelckel. — *Ueber den Alcoholismus,* 8° Wurzburg, 1863.
Voisin. — *Alcoolisme chronique,* etc. *Bullet. soc. Anat.* de Paris, 1863, 577.
Vulpian. — *Leçons sur les maladies du syst. nerv.*, 1879, II, 158.
Westphal. — *Ueber eine bei chronischen Alcoholisten beobach. Form. von Gestörung.* Char. Ann., Berlin, 1877, 395-404.
Wilks. — *Alcoholic paraplegia. The Lancet,* 1872, 320.
Willshire. — *Chronic alcoholism and its effects on the nerv. syst.*, *Lancet*, Londres, 1860, 237.

ARSENIC

Da Costa. — *Clinical lecture on arsenical paralysis. Philad. med. Times.*, 1880, IX, 385.
Eiselt. — *Ein Fall von Arsenikparalyse. Medic. chir. Centralbl.*, Wien, 1883, 324.
Gerhardt (C.). — *Ueber arsenicale Muskelatrophie. Sitzungber der. phys. med. Gesellsch zü Wurzburg*, 1882, 98.
Gibb. — *Neuralgie und Paraplegie wahrscheinlich* in *Folge langen Arsenikgebrauchs Transact of the path., Soc. of London,* 1861.
Heckenlauer. — *Uber arsenicale Muskelatrop.* Thèse Wurzburg, 1883.
Imbert-Gourbeyre. — *Des suites de l'empois. arsenical.* Paris, 1881, J.-B. Baillière.
Jaeschke. — *Ueber Lähmungen nach acuter Arsenikvergiftung.* Th. Breslau, 1882.
Leroy (Raoul). — *Des paralysies des membres infér.*. Paris, 1857.
Mac-Intosh (W.-P.). — *Acute atrophic paral. in the adult. with report of two cases caused by arsenical poisoning. N. Y., med. rec.*, 1885, 145.
Mills (C.-K.). — *Arsenical paralysis. Med. news,* Philad. 1883, 257.
Popow. — *Ueber die Veränder. im Rückenm, nach Vergift. mit Arsen, Blei und quecksilber. Virchow's Arch.* 1883, 351.
Rubinowicz. — *Ueber Lähmungen and atrophie nach acuter Arsenikvergift.* Iéna, 1879.
Scolozouboff. — *Observat. clinique de paralysie arsénicale. Gaz. méd., Paris*, 1875.) — *Paralysie arsénicale. Arch. de physiol.*, 1884, 323.
Seeligmüller. — *Ueber Arseniklahmung. Deutsch. med. Wochsehft.*, 1881, 185, 200.
Seguin. — *Myelitis folloving acute arsenical poisoning. Journ. of. nerv. and ment dis.*), N. Y., 1882, 665.
Smoler. — *Lähmung nach Arsenikvergiftung. Oester Zeitsch. f. Prakt, Heik,* 1863.

OXYDE DE CARBONE

Alberti. — *Ausgedehnte Gangrän der Halsmusculatur und Lähmuneg des rechten Beins in Folge von Neuritis ischiadica nach Kohlenoxydgasvergifung. Deutsche Ztschrift für Chir.* 1884, 476.

Arnozan et **Dalidet**. — *Empoisonnement par les vapeurs de charbon. Eschares. Névrites.* Journal de méd. Bord. 1883, page 30.

Chardin. — *Vestnik Klin. 1 sudebnoi psichiat 1 nevropatol* Saint-Pétersb. 1885, 88.

Bird Golding. — *Observations on poisoning vapours of burn charcoal and coals. Guy's hosp. Rep.* 1839.

J. Comby. — *Asphyx. par les vap. de charb. Cécité et hémipl. droite. Guérison.* France méd. 1882.

Knapp. — *Archiv. für Augenheilk*, 1880.

Kober. — *Revue sur l'empoisonnement par l'oxyde de carbone. Schmidt's Jahrb.* 1880.

Laroche. — Thèse Paris, 1865.

Leudet. — *Notes sur quelques accidents provoqués par l'asphyx. par vap. de charb Bullet. Acad. méd.* 1883.

Molliet. — *De l'intoxication chron. par l'oxyde de carbone.* Thèse Paris, 1882.

Remak. — *Œster Zeitsch. f. prakt. Heilkunde*, 1860 n° 48.

Rendu. — *Intoxication par la vapeur de charbon, etc., etc.* Union médic. 1882, 386, 397.

Simon. — (*C.T. B.*). *Des paralysies, etc, sous l'influence de l'oxyde de carbone.* Th. Paris, 1883, *n°* 355.

SULFURE DE CARBONE

Berbès. — *Pseudo-tabes dû à l'intoxication par le sulfure de carbone. Société clinique*, 1884.

Bonnet. — *Des troubles nerveux dans l'intoxication par le sulfure de carbone.* Thèse Paris, 1885.

Delpech. — *Nouv.Rech. sur l'intox. spéc. dét. par le sulf. de carb. Acad. de méd.* 1856 *et* 1863.

Huguin. *Contrib. à l'étude de l'intox. par le sulfure de carb. chez les ouv. en caoutchouc soufflé.* Th. Paris, 1874.

PLOMB

Augier. — *Paral. des memb. sup. déterm. par emploi prol. de cosmétique.* Jour. de méd. de Lille, 1882. 665.

R. W. Birdsall. — *A contribution to the pathological anatomy of lead paralysis. — Amer. Jour. of neurol. and. psych.* N. Y. 1882, 176.

Béhier. — *Gaz. des Hôpitaux*, 1875, 185. Intoxication saturnine, etc.

Bentéjac. — *Des lésions trophiques des nerfs et des muscles dans la paralysie saturn.* Thèse Paris, 1876.

E. Berger. — *Ein Beitrag zur Lehre von der Encephalopathia saturn. Berl. klin, Wochschff.* 1874 n° 11 et 12.

Bernhardt. — *Zur pathologie der Radialis Paralysen*, Arch. f. Psych. 1874,

620 — *Ueber Bleilähm. und. subacute atroph. spinallähm. Erwachsener. Berlin, klin. Wochenschr.* 1878 nos 18 et 19.

Capelle. — *Contribution à l'étude de l'intox. saturn.* Th. Paris, 1883, no 270.

H. Chapin. — *Lead paralysis in children.*

Charlier. — *Contribut. à l'étude pathogén. du saturn. céréb. spin.* Thèse Paris, 1882.

Charcot et Gombault. — *Contrib. à l'hist. anat. de l'atrophie musc. saturn. Arch. de phys. norm. et pathol.* Paris, 1873 ; 592.

Curci. — *Sullaziome del piombo e sul saturnismo ricerche sperimentali.* Lo Sperimentale, 1884, 461-581.

Debove. — *Note sur l'hémipl. saturn. et son trait. par applic. d'un aimant.* Bull. soc. méd. hôp. 1879, 10.

Debove et Renaut. — *Lésions des faisc. primit. dans l'atrophie musc. prog. et la paral. saturn.* C. r. Soc. biol. 1876 t. III.

Déjerine. — *Rech. sur les lés. du syst. nerv. dans la paral. saturn.* Compte rendu Soc. biol. 1879, II.

Drouet. — *Rech. expérim. sur le rôle de l'absorpt. cutanée dans la paral. satur.* Thèse Paris, 1875.

Duguet. — *Cas d'intox. saturn. par la braise chim.* Bull. Soc. méd. thér. 1885, 80.

Duplaix et Lejars. — *Arch. gén. de méd.* Nov. 1883.

Eisenlohr. — *Ein Fall. von Bleilähm nebst Bemerk. über gener. parenchy. matöse Neuritis. Deutsch.* Arch. f. klin Med. 1880, 543.

Erb. — *Ein Fall von Bleilähmung* Arch. f. Psych. 1875, V, 445. — *Ueber di-Verlangs. der Empfindungsleitung bei Verânderangen der perip. Nerven. Neurol Centralbl.* 1883, 481.

Eulenburg. — *Diff. Verhalten der Musk. geg. interm. u. contin. Ströme bei Paral saturn. Deutsch.* Arch. f. klin. Med. 1867, 506.

Frémont. — *Paralysie saturn. des extenseurs de la main par intoxic. locale.* France méd. 1882, 892.

Friedlander. — *Anat. Untersuch. eines Falle von Bleilähm, nebst Begründung der myopatischen Natur disecr Affection. Virchow's Archiv.* 1879, 24.

Gaucher. — *Deux cas de paralysie saturn. des musc. longs supin.* France med. 1882, 244.

Gérin-Roze. — *Cause peu connue d'intoxic. saturn.* Bullet. Soc. méd. thér. 1885, 75.

Gombault. — *Note sur l'état des nerfs périphér. dans l'empoisonnement lent par le plomb chez le cochon d'Inde.* Arch. de neurolog. I, no 1.

Gusserow. — *Untersuchungen über Bleivergift. Virchow's.* Arch. 1861, 443.

Harbinson. — *The peripheral nerves in chromic lead poisoning.* Med. Press and Circ. 1880, 231.

R. Hermann. — *Ueber die Bleivergift. aufret. Erkrank. des Gehirns.* Halle, 1883, Heymann.

G. Herz. — *Bleivergift. b. Rinde. Wochschrft. f. Thierh. u. Viekzucht.* Augsburg 1882, 241.

Hue-Mazelet. — *Gonflement qu'on obs. sur le dos de la main à la suite de quelq. paral. des ext. des doigts.* Th. Paris, 1874.

Heubel. — *Pathogenese und Sympt. der chron. Bleiverg.* Berlin, 1871.

Heugas. — *Paralysie saturn. génér.* Thèse Paris, 1877.

Hitzig. — *Studien über Bleivergiftung*, 1868. *Schmidt's Jahrb.* p. 118.

Jacobs. — *Sur l'emploi de l'iod. de potas. dans les coliq. et les paralys. saturn. d'ap. la méth. de Melsens. Gaz. Hôp.*, 1877, 134.

Kronig. — *Ein Fall von Encephalopathia saturnina mit gener. Bleilahm. char. Ann.* 1882, 154.

Kast. — *Notizen zur Bleilahmung. Centrbl. f. Nervheilk.* 1880, *n°* 8, 137.

Langlet. — *Paralysie saturn. Anesthésie part. Application d'aimants, etc. L'union méd. et scient. du Nord-Est.* Reims, 1880, 149.

Labrou. — *De la paral. des extens. de l'avant-bras dans l'intox. saturn.* Thèse Paris, 1877.

Lépine. — *Un fait de paral. saturn. génér. terminée par guérison. Lyon méd.* 1883, 383.

Leyden. — *Ein Fall von Bleivergiftung. Pathol. Anatom. der Bleilahm Ztschft f. Klin. Med.* 1883, 85.

Mader. — *Paresis saturn. antebrachii. Parese der Stimbandmuskul. und der Constrictores Pharyngis. Berl. d. k. k. Rudolph. stift.* Wien 1880, 326.

Mason. — *Empoisonnement de grenouilles par acétate. de plomb. Amer. Jour. of med. scienc.* July 1877, 36.

Mathieu et Malibran. — *Hémiplégie et paralysie des extens. du même côté. Saturnisme. Prog. méd.* 1884, 827.

Manouvriez. — *Intoxication saturn. locale. Gaz. des Hôp.* 1874, 290.

Mayor. — *Lésions des nerfs intramusc. dans un cas de paral. saturn. Compte rendu Soc. biol.* 1877, 213.

Melsens. — *Mémoire sur l'emploi de l'iod. de pot. dans le saturn. etc.* Bruxelles, 1865.

Minor. — *Paralysie saturnine. Voyenno med. Journ.* Saint-Pétersb., 1881, 149.

Minot. — *Paralysis of the lower extremities from Lead. Recovery. Boston méd. sc. Journ.*, 1883, 155.

Mœbius (P.J.). — *Ueber einige ungewöhnliche Fälle von Bleilähmung. Centralbl. fur Nervenk.* 1886, n° I.

Von Monakow. — *Zur pathologischen Anatomie der Bleilähmuny. Arch. f. Psych.* 1880, 495.

Moritz. — *A contribution to the pathological anatomy of lead paralysis. S. of. anat. and psych.* 1880-81, 78.

Nicaise. — Gonflem. du dos des mains chez les saturnins. *Gaz. méd. de Paris*, 1868.

Œller. — *Zur patholog. Anatom. der Bleilähm. München*, 1883. — *Ibid. Deutsche med. Wochschft*, 1883, 88.

Ollivier (Aug.). — Atrophie musculaire. Thèse d'agrégation. Paris, 1869.

Oppenheim. — *Zur patholog. Anat. der Bleilähm. Arch. f. Psych.* 1885, 476. — *Ibid.* Autopsie de névrite périphér. chez un alcoolique. Berlin. *Gesellsch. u. Psych. v. Nervenkr.* 9 nov. 1885.

Picot. — Intoxicat. saturn; paralysie des Extens. de l'avant-bras. *Gaz. hebd. de Bord.* 1884, 475.

Potain. — De la paralysie saturn. *Gaz. des Hôp.* 1881, 642. — *Ibid.* Un cas de paralysie saturn. *Courrier méd.* Paris, 1883, 138.

Popow. — *Ueber die Veränder. in Rückenmarke nach Vergiftung mit Arsen und Blei*, Saint-Pétersb. *med. Wochschrft*, 1881, 373. — *Veränder. im*

Rückenmarke nach Vergiftung mit. Arsen-Blei-Quecksilber. Arch. fur. Path. Anat. 1883, 351.

Remak (E.). — *Zur Pathogenese der Bleilähmungen. Arch. f. Psych.* 1875, I. — *Zur localisation saturniner Lähmungen der Unterextremit. Neurol. Centralbl.*, 1882, n° 7. — *Ueber die localis. atrop. spinallähm. und spinal Muskelatrop.* Berl., 1879, *und Arch. f. Psych.* IX, 510. — *Bleilähmung. Real Encyclop. der Gesamt Heilk*, 2e édition, 1885.

Remak (R.). — Application du courant constant galvanique au trait. des névroses. Paris, 1865.

Renaut. — De l'intoxication saturnine. Th. d'agrégation, 1875, 70, 80.

Ricardo (Piedra). — Paralysie saturnine. Th. Paris, 1876, n° 467.

Richardson. — *Lead poisoning. Boston med. and surg. Jour.* 1877, 379.

Robinson (A.). — *On the nervous lesions produc. by lead poisoning. Brain.* London, 1884-85, 485.

Samsoen (César). — Étude sur la paralysie saturnine. Lille, 1882.

Saundby. — *Lead poisoning, subsequent contract. of left hand, etc. Birming. Med. Rev.* 1880, 274.

Schulz (H.). — *Bleikrankheiten. Deutsche med. Ztg.* 1884, 595.

Stiénon. — Contribution à la pathogénie des accid. saturn. *J. de méd. chir. phar.* Bruxelles, 1885.

Suckling (C. W.). — *Muscular atrophy due to lead poisoning. Brit. med. Journ.* 1885, 696.

Swete (H.). — *Lead poisoning. Brit. med. Jour.* 1882, 1034.

Tanquerel des Planches. — Traité des maladies de plomb, 1839.

Thompson (Reginald). — *On paralysis of the extensors. Med. chir. transact*, 1868.

Thompson. — *A case of lead poisoning treated with iodide potassium. British Journal med.* 1871, 362.

Tissier. — Ataxie musculaire symptomatique d'une intox. saturn. *Gaz. méd.*, Lyon, 61-62.

Van Bibber. — *Lead paralysis. med. News. Philad.* 1885, 452.

Zunker. — *Zur Pathologie der Bleilähmung. Zeitschr. f. klin. Med.* 1880, 496.

Watteville (A. de). — *The pathogeny of lead paralysis. The Lancet*, 1880, 44.

Webber (S.-G.). — *Lead paralysis. Arch. med. N. Y.* 1882, 24.

Westphal. — *Ueber eine Veranderung der Nervus Radialis bei Bleilähm. Arch. f. Psych.* 1874, 776.

Von Wyss (H.). — *Beitrag zur Kenntniss der Bleivergift. Virchow's Archiv.* 1883, 206.

DIVERS

Baelz. — *Ueber das Verhaltniss des multiplen peripherischen Neuritis zur Beriberi. Zeitschrift f. Klin. Med.* Band IV, 616.

Bernard. — *Contribution à l'étude des paralysies dans l'urémie.* Thèse Paris, 1885.

Cartaz. — *De la paral. vésic. conséc. à l'usage de l'ac. phén. en pansements. Gaz. méd.*, Paris, 1884, 496.

Dauchez. — *Hémiplégie d'orig. urémique chez un jeune enfant. France méd.*, Paris, 1886, 147.

Dorublüth. — *Die chronische Tabakvergiftung. Volkmann's Samml. klin. Vortr.* n° 122, 1099.

Gautier. — *Étude sur l'absinthisme chronique*, Paris, 1882.

Giglio. — *Storia clinica d'un caso di latirismo in Sicilia.* Palermo, 1885.

Lao.

Giorgieri. — *Due casi di latirismo osservati nella clinica med. di Parma, Ann. univ. di medic.* 1833, 843.

Grandjean. — *Paralysie ataxique obs. chez les Kabyles à la suite de l'ingestion d'une variété de gesse (lathyrus clymenum). Arch. de méd. et de phar. milit.*, 1883, 95.

Grjaznov. — *Épidémie de raphanie dans le gouvernement de Poltaw. Zdorvje*, Saint-Pétersbourg, 1882, 223.

Kunkel. — *Ueber eine Grundwirkung von Giften auf die quergestreifte Muskelsubst. Arch. f. gesammt. Physiol.*, 1885, 353.

Laborde. — *Les Poisons dits muscul. et le sulfocyan. de pot.*, etc. *Gaz. méd. de Paris*, 1880, 116.

Leather and Sons (J.). — *Lathyrus poisoning in horses. Vet. Journ. and Ann. Comp. Path. London*, 1885, 233.

Maier. — *Anatomiepath. de la paralysie diphthérie. Arch. de Virchow*, 1883.

Maréchal (P.). — *Des troubles nerv. de l'intox. merc. lente.* Thèse Paris, 1885.

Marie (P.). — *Des manifestat. médullaires de l'ergotisme et du lathyr. Prog. méd.* 1883, 83. — *Lathyrisme et Béribéri. Prog. méd.* 1883, 843.

Morache. — *De quelq. troub. fonct. spéc. prod. par la fumée de tabac. Rev. San. de Bord.*, 1884, 61.

Neumann et Pabst. — *Des acc. prod. par la benz. et la nitrobenz. Ass. fr. pr. avanct. des sc.*, 1883, 1025.

Patenko. — *Étude expér. des effets tox. et physiol. des sels d'étain.* Saint-Pétersbourg.

Proust. — *Du lathyrisme médullaire spasmodique (Épid. de Kabylie*, 1883). *Bull. Acad. méd.* 1883, 829.

Rabuteau. — *Sur divers poisons curarisants de l'ordre des ammoniums quatern. Soc. Biol.*, 1885.

Raymond. — *Sur la pathog. de cert. acc. paral. obs. chez les vieillards, leurs rapports avec l'urémie. Rev. de méd.*, 1885.

De Renzi (F.). — *Sul latirismo. Giorno intern. d. Sc. med.* Napoli, 1883, 777. — *Il latirismo e la paralisi spinale spastica. Giorn. d. Neurossat* Napoli, 1884, 233. — *Paralisi spinale spasmodica e latirismo. Riv. clin. d. Univ. di Napoli*, 1884.

Scheube. — *Die Japaïnische Kakke. Deutsch. Arch. f. klin. Med.* B. XXXI. H. 1, 2.

Schlockow. — *Ueber eine eigenthüml. Form von Rückenmarkserkrank. bei Zinkhüttenarbeitern, Jahresber. d. Schles. Gesellsch. f. vaterl. cultur.* 1874, Breslau, 212.

Sudour et Caraven-Cachin. — *Empoisonnement par les graines de l'euphorbia lathyris et nouvelles expériences sur leur usage thérapeutique.* Compte rendu Acad. des sciences, 1881, 564.

Tomasi. — *Nuove ricerche sull'azione tossica del lupino. Imparziale* 1882, 759.

Tscherbin (N.). — *Epidemijà raphanü (otravlenie mukoiou s sporinei) v g. Kieve, v dek minuvshago*, 1880. *Zdorovje*, Saint-Pétersb., 1881, 171, 290.

Von Tschisch. — *Ueber Veränderungen des Rückenmarks bei Vergiftung mit Morphium Atropin, Silbernitrat und Kaliumbromid. Arch. f. pathol. Anat.*, 1885, 147.

Zuliuski. — *Observat. d'affections attribuables exclusivement à l'abus du tabac. Gaz. méd. de l'Algérie*, 1885, 34.

TABLE DES MATIÈRES

CHAPITRE V

CHAPITRE VI

CHAPITRE VII

Paris. — Typ. G. Chamerot, 19, rue des Saints-Pères. — 19078.

Paris. — Typ. Georges Chamerot, 19, rue des Saints-Pères. — 19078

www.ingramcontent.com/pod-product-compliance
Ingram Content Group UK Ltd.
Pitfield, Milton Keynes, MK11 3LW, UK
UKHW021156260726
13994UKWH00001B/491